KB235449

당신의 에너지에
플러그를 꽂아라

유로운 상상

Wake up... Live the Life You Love, Living on purpose

당신의 에너지에 플러그를 꽂아라

마크 빅터 한센 外 지음 · 이구용 옮김

유로운 상상

차례

이 책이 모든 독자들에게
가치 있는 책이 되길 기원하며……

감동을 하면 웃음보다 눈물이 앞선다. 그러고 보면 눈물은 웃음보다 더 진솔한 우리 인간의 근본적인 정서인 듯싶다. 그래서 우리는 성공을 해도 눈물을 흘리고, 실패를 해도 눈물을 흘린다. 성공한 사람이 흘리는 눈물은 지나온 세월의 험난한 흔적이 가져다준 결실에 감동한 감사의 눈물이고, 실패한 사람이 흘리는 눈물은 지나온 세월의 험난한 흔적에 또 한 번의 아픔의 흔적이 덧씌워지는 현실에 대한 시련의 눈물이다. 한 번 더 풀면, 성공한 이의 눈물은 미래를 위한 희망찬 각오와 다짐의 신호이며, 실패한 이의 눈물은 과거에 대한 반성과 미래를 위한 노력의 신호이다. 그래서 각각의 눈물은 누구에게나 소중한 결실의 씨앗이고 희망의 씨앗이 된다.

시작부터 웬 눈물 타령?『당신의 에너지에 플러그를 꽂아라』는 다양한 삶의 궤적을 지나온 여러 사람들의 진솔한 이야기를 담은 책이다. 성공에 앞서 실패를 거듭한 이들의 이야기가 대다수다. 그러다 보니 역자의 말을 그만 '눈물'로 시작하고 말았다. 분명한 것은, 이 책 속에 소개되고 있는 글들을 보면, 일사천리로 승승장구한 이의 이야기는 거의 없다는 사실이다. 대부분이 실패에 실패를 거듭한 이력을 지닌 사람들의 이야기이며, 육체적으로나 정서적으로나 험난한 파고를 넘고 또 넘은 이들의 힘겨운 이야기이다. 그러나 이 책이 감동과 위안을 주는 것은 각각의 글들 대부분이 시련의 눈물을 감사의 눈물로 바꾼 아름다운 사례로 우리에게 다가오기 때문이다. 이 책의 가치는 거기에 있는 것 같다.

한 권의 책이 한 사람의 독자에게 가치 있는 책으로 남기 위해서는 어떤 조건을 갖춰야 할까? 한 권의 책이 담고 있는 모든 내용이 그 책을 접하는 모든 독자들에게 감동과 공감을 제공할 수는 없다는 것이 역자의 기본적인 생각이다. 오히려 한 단어, 한 구절, 한 문장, 혹은 한 쪽이라도, 그것이

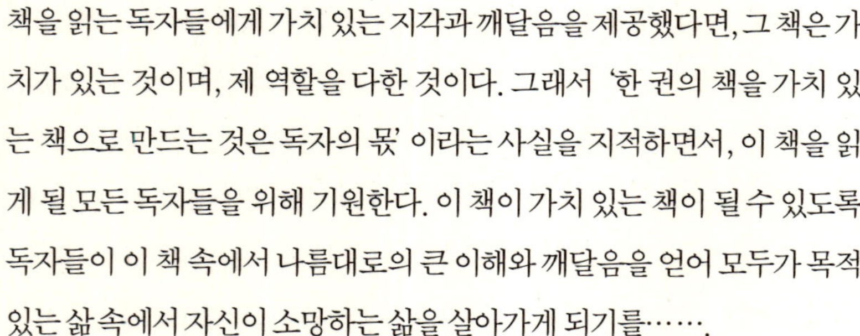

책을 읽는 독자들에게 가치 있는 지각과 깨달음을 제공했다면, 그 책은 가치가 있는 것이며, 제 역할을 다한 것이다. 그래서 '한 권의 책을 가치 있는 책으로 만드는 것은 독자의 몫' 이라는 사실을 지적하면서, 이 책을 읽게 될 모든 독자들을 위해 기원한다. 이 책이 가치 있는 책이 될 수 있도록 독자들이 이 책 속에서 나름대로의 큰 이해와 깨달음을 얻어 모두가 목적 있는 삶 속에서 자신이 소망하는 삶을 살아가게 되기를…….

역자 이구용

2008년 2월

∴

깨어나라…
그리고
목적을 가지고
당신이 사랑하는 삶을 살아라

∴

Wake up… Live the Life You Love, Living on purpose

인생의
목적

: **스티븐 E** Steven E
작가, 기업가, 강연가
사람들이 삶의 목적을 찾을 수 있도록 도와주고 있다.

우리는 모두 저마다 나름대로 인생의 목적이 있다. 그리고 우리는 각자 남들이 지니고 있지 않은 자신만의 독특한 재능과 개성을 지니고 있다. 하고 싶은 일이 있다면 그것을 떠올려 보라. 그리고 그 일을 하면서 어떻게 살아갈 것인지에 대해서도 머릿속에 한번 그려 보라. 자신의 삶이 이미 질서정연하게 안정되어 있다면 앞으로의 당신의 삶은 제법 쉽게 풀려 나갈 것이다.

만일 지금 당신이 맘에 내키지 않는 일에 종사하고 있다면 따로 시간을 내서 자신이 좋아하는 일을 해 보라. 그러고 나서 자신에게 어떤 변화들이 일어나는지를 인내심을 가지고 꾸준히 체크해 보라.

하지만 현재 자신의 인생의 목적이 무엇인지를 모르겠거든 차분히 앉아 자신의 내면을 돌아보면서 그 답을 구해 보라. 모든 답은 당신 안에 있기 때문이다. 목적은 우리의 모습을 환히 밝혀 준다. 그렇기 때문에 하고 싶은 일을 함으로써 당신의 하루하루를 밝게 하고 당신을 미소 짓게 할 바로 그런 일을 떠올려 보라는 것이다. 돈을 위한 일이 아니라, 그저 당신을 즐겁게 할 수 있는 바로 그런 일을 말이다. 나는 당신이 그런 일을 했으면 한다. 그리고 자신의 비전을 절대 포기하지 않았으면 한다. 우리는 세상에 한 번 와서 잠시 머물렀다 돌아간다. 그렇기 때문에라도 당신은 당신이 하고 싶은 일을 꼭 해야 한다. 인생에 있어서 나만의 목적이 무엇인지를 찾아라. 그리고 웃으면서 그 일을 하라. 당신은 이미 세상과 나눌 천부적인 재주를 지니고 태어났다. 이기적으로 살지 말고 자신의 믿음이 허락하는 공간에서 그 일을 하면서 당신의 목적과 타고난 재주를 세상과 나누어라. 세상은 그럴 만한 가치가 있다. 당신 또한 분명 그만한 가치를 지니고 있다.

만일 자신만의 인생의 목적을 발견했다면 그것은 지금 바로 이 순간에 당신이 '목적 있는 삶'을 시작할 수 있다는 사실을 스스로 인식하고 있다는 것을 의미한다. 지금 시작하라. 그리고 마음이 끌리는 대로 따라라. 그러는 동안 당신의 커리어와 환경에는 변화가 올 것이다. 여기서 한 가지 중요한 것은, 목적 있는 삶을 살아간다는 것은 또 다른 한편으로, 타인을 조건 없이 사랑하고 섬긴다는 것을 의미한다는 것이다. 그러니 당신의 사고와 관심을 타인을 사랑하고 섬기는 일에 맞추어라.

　그리고 또 한 가지 지적하고 싶은 것은, 남으로부터 받는 것보다 남에게 베푸는 것이 더 중요하다는 것을 터득하라는 것이다. 베푸는 삶은 바로 자신의 인생의 목적과 일직선상에 있기 때문이다. 목적 있는 삶, 열정 있는 삶을 살아가는 동안엔, 그리고 무소의 뿔처럼 자신의 의지를 지속적으로 꿋꿋하게 밀고 나가는 동안엔 그 누구도 당신에게 뭐라고 할 사람은 없다. 가장 중요한 것은 자신의 의지이다. 당신은 자신의 삶의 의미에 대해 더 이상 의문을 품어서는 안 된다. 당신이 하고 있는 모든 일들은 이미 한층 더 높아진 당신의 자아와 일치하고 있기 때문이다. 당신은 다른 사람들을 만족시키고, 그러한 자신의 행동으로부터 만족감을 느끼게 될 것이다.

　우리는 이 세상에 태어날 때 빈손으로 왔듯이 떠날 때도 빈손으로 돌아가게 되어 있다. 지니고 있어야 할 것은 단 한 가지도 없다. 베풀어라. 이것이 당신에게 드리는 메시지이다. 이제 아무 조건 없이 베풀면서 당신이 진정 원하는 삶의 의미를 터득해 나가기 바란다.

당신의 목적을
개념화하라

： **마크 빅터 한센** Mark Victor Hansen
세계적인 베스트셀러 『마음을 열어 주는 101가지 이야기
Chicken Soup for the Soul』 시리즈의 공저자

목적을 확실히 잡지 않고서 성공을 일구어 낸 사람은 아무도 없다. 이제까지 성공적인 삶을 살았다고 할 만한 사람들의 삶을 한번 보라. 당신은 그들 모두가 나름대로의 분명한 목적을 가지고 있었으며, 그들 스스로도 자신의 인생의 목적이 무엇인지를 인지하고 있었다는 사실을 금방 알게 될 것이다.

그리스도의 목적은 영적인 데 있었다. 신약성서의 요한복음 10장 10절은 이렇게 전하고 있다.

"……내가 온 것은…… 생명을 얻게 하고 더 풍성히 얻게 하려는 것

당신의 에너지에 플러그를 꽂아라

이라.”

월트 디즈니Walt Disney의 목적은 ‘사람들을 즐겁게 하는 것’ 이다.

앤드류 카네기Andrew Carnegie의 목적은 ‘강철을 만들어 시장에 파는 것’ 이다.

마더 테레사Agnes Gonxha Bojaxhiu의 목적은 ‘이 세상의 가난하고, 병들고, 헐벗은 사람들을 돌보고 편안하게 하는 것’ 이다.

그렇다면 당신의 목적은 무엇인가? 그 해답을 책이나 강의실에서 발견할 수는 없다. 하지만 그것을 발견할 수만 있다면 근사한 일 아니겠는가? 그 해답은 당신 내부 깊숙한 곳에서만 발견해 낼 수가 있다.

당신은 자신의 목적을 어떻게 찾을 것인가? 나는 명상이나 깊고 통제되고 집중된 사고를 통해 찾아볼 것을 권한다. 그러기 위해서는 그 어떤 것으로부터도 방해받지 않을 조용한 공간을 찾아야 한다. 우선 편안히 긴장을 풀고 자신의 마음속으로 들어가라. 그리고 ‘진작 인생의 목적을 알았더라면 난 어떻게 됐을까?’ 라는 질문을 스스로에게 던지면서 자신의 마음속에 자리 잡고 있는 가장 깊고 은밀한 영역으로 또다시 접근해 들어가라.

단 한 번 물어서는 안 된다. 답을 얻을 때까지 끊임없이 계속해서 그 질문을 던져라. 답은 하루 만에 나오지 않을 수도 있다. 아니, 한 주가 흘러도 그 답이 나오지 않을 수도 있다. 하지만 해답이 당신 내부의 깊숙한 그곳에 있다는 것만은 분명하다. 당신이 진지하게 온 마음을 다해 답을 묻고 구하고자 한다면, 그것은 이내 모습을 드러내게 되어 있다. 당신의 지속적이고 의식적인 질문은 당신의 의식에 목적을 인도하는 횃불과도 같은 것이기에 당신에게 분명하게 그 해답을 제시해 줄 것이다.

답을 얻을 때까지 매일 아침저녁으로 15분 정도씩 인생의 목적에 대해 명상을 하라. 그리고 명상을 하면서 떠오르는 메시지는 놓치지 말고 바로바로 기록하라. 그리고 만일 하루 일과 중에, 이를테면 운동을 하다가, 식료품점에서 필요한 물건을 구입하다가, 혹은 개를 데리고 산책을 하다가 그 답이 떠오른다 하더라도 놀라지는 마라. 그 답이 언제 어느 순간에 당신의 뇌리에 떠오른다 하더라도 열린 마음으로 그 답을 맞기 바란다.

명심하라, 당신의 목적은 당신 내부의 가장 깊은 곳에서 우러나오는 표현이라는 것을. 당신이 자신의 인생의 목적을 알기를 원하는 만큼, 당신의 인생의 목적 역시 바로 당신을 원하고 있다.

인생의 목적을 발견했다는 소식을 곧 듣게 되기를 기대한다.

고요함을
포옹하라

: **웨인 다이어** Wayne Dyer

베스트셀러 『행복한 이기주의자 Your Erroneous Zones』의 저자

쾅쾅 울려 대는 음악소리, 사이렌 소리, 건축 현장에서 들려오는 장비 소리, 하늘을 나는 제트기 소리, 부르릉부르릉 시동 거는 트럭 엔진 소리, 여기저기에서 전화 통화하는 소리, 잔디 깎는 기계 소리, 나무 자르는 소리 등 그야말로 우리는 끊임없이 폭탄 터지듯 들려오는 시끄러운 소음으로 가득 찬 세상에서 하루하루를 살아가고 있다. 모두 우리 인간이 만들어 내는 부자연스런 소리들이다. 그 소음들로 인해 우리의 청각은 늘 침해를 입고 있다. 우리에게 필요한 정적이 끊임없이 궁지에 몰리는 상황이다.

사실, 어떻게 보면 우리는 고요함을 멀리하고 있을 뿐만 아니라, 아예 그것을 극도로 꺼리는 문화 속에서 성장해 왔다고 할 수 있다. 자동차에 오르면 으레 라디오를 켜 놓고, 대화가 끊겨 정적이 감돌면 서로 크게 당황해하며 이내 곧바로 수다로 그 고요함의 공백을 메우려 한다. 아마 대부분의 사람들이 그럴 거라고 생각한다. 그러다 보니, 많은 사람들은 정적 속에 홀로 놓이게 되면 그것을 큰 고통으로 생각하는 것 같다.

유명한 과학자 블레이즈 파스칼Blaise Pascal은 "모든 남성의 괴로움은 방 안에서 홀로 조용히 앉아 있을 수 없다는 데서 비롯된다"고 말했다.

당신은 나름대로의 수련을 통해 사고思考의 막간을 이용해 고요의 순간을 의식하는 요령을 터득할 수 있다. 그럼으로써 당신은 바로 그러한 짧은 막간의 고요한 공간 속에서 자신이 일상에서 갈구하는 평화를 발견하게 될 것이다. 그러나 바로 그런 사고와 사고 간에 존재하는 고요한 순간을 전혀 포착하지 못하거나 그것을 인식하지 못한다면 당신은 평화의 순간을 결코 인식하지 못할 것이다.

보통 사람은 하루에 각기 다른 사고를 6만 번 한다고 한다. 그것이 사실이라면 우리는 하루에도 꽤나 많은 사고를 하는 셈이다. 그런데 사고와 사고 사이에는 간극이 거의 없다. 만일 그 사고의 횟수를 절반으로 줄일 수만 있다면 당신 스스로가 또 다른 세상을 열어 가는 것이 가능해질 것이다. 왜냐하면 그 세상은 당신이 고요의 공간으로 들어가는 순간 열리기 때문이다. 그리고 그렇게 될 때 비로소 당신은 그 고요와 하나가 되고, 그 속에서 자신의 내부에 존재하고 있는 어떤 근원을 발견하게 될 것이며, 그를 통해서 당신은 평화를 알게 될 것이다. 구약성서 시편을 보면 이런 구절이 나온다.

"침묵하라, 그러면 내가 여호와인 줄 네가 알 것이다."

여기서의 키워드는 '침묵stillness' 과 '안다know' 이다.

'침묵' 은 사실상 '고요' 의 의미를 지니고 있다. 마더 테레사는 고요함에 대해 언급하면서, 그것은 하나님과 관계가 있다고 했다.

"하나님은 고요의 친구이십니다. 고요 속에서 자연이 어떻게 성장해 가는지를 보세요. 별과 달과 해를 보세요. 그리고 고요 속에서 그들이 어떻게 이동하는지를 보세요. 우리에겐 영혼과 만날 수 있는 고요함이 필요해요."

지금 이 구절을 당신의 영혼 속으로 초대하길 바란다.

당신이 그토록 자주 즐기는 음악의 곡조 사이에도 분명 공간이 있다. 만일 그런 공간이 없다면 당신은 끊임없이 이어지는 시끄러운 곡조의 복판에 놓이게 될 것이다. 이 세상의 창조물은 모두 고요 속에서 나온다. 당신의 사고는 아무것도 존재하지 않는 고요의 순간에 표출되어 나온다. 당신의 말도 빈 공간에서 나온다. 그리고 당신의 정수도 바로 그처럼 텅 비어 있는 공간에서 나온다.

모든 창조물에겐 어느 정도의 일정한 고요가 요구된다. 그리고 그 고요를 통해 느끼게 되는 내면의 평화는 당신의 배터리를 재충전하여 긴장과 불안을 해소시킨다. 뿐만 아니라, 고요는 피로를 덜어 주고 자신이 일구어 낸 창조의 결실을 직접 체험하도록 도와준다.

방금 전 구약성서의 한 구절에서 우리가 관찰한 두 번째 단어('안다 know')는 당신이 개인적으로, 그리고 의식적으로 하나님을 접촉하고 있다는 것을 의미한다. 하나님을 안다는 것은 의심을 걷어 버린다는 것이며, 고요 속에서 믿음과 정의를 발견한다는 것을 의미한다. 『백경Moby Dick』을 쓴 미국의 소설가 허먼 멜빌Herman Melville이 남긴 이 말은 우리에게 중요한 것을 상기시켜 준다.

"하나님의 음성은 바로 고요함이다."

사람들은 굶주려 있다

: R. 빈 헨더슨 R. Winn Henderson

『당신의 사명을 나누세요 Share Your Mission』의 저자
라디오 토크쇼 〈당신의 사명을 나누세요〉의 진행자

성장기였던 1960년대 초, 나는 얼마 되진 않지만 내가 가진 것을 다른 사람과 나누고 싶었다. 그래서 정원 일을 하면서 번 돈을 남미에서 온 한 어린이를 후원하는 데 기부하였다. 그리고 그 아이가 자라 내 도움을 더 이상 받지 않아도 될 나이가 되면서 나도 어른이 되었다. 나는 의대에 다니고, 결혼을 하고, 또 새로운 경력을 쌓아 가는 일을 하면서 내게 주어진 대부분의 시간을 보냈다.

보험 혜택을 제대로 받지 못하는 사람이나 진료비를 지불할 처지가 못되는 사람들에게 시간을 내어 진료를 해 주는 것으로 나는 내게 주어진 시간의 일부를 기부했다. 이것이 바로 내가 가진 것을 다른 사람들과 나누는 방식이었다.

배고픔으로 인한 어려움은 예나 지금이나 변함없이 계속되고 있는 것 같다. 그러나 우리 대부분은 제각기 자신들에게 주어진 삶을 살아가다 보니 너무나도 쉽게 그 사실을 잊고 살아가고 있다. 수많은 사람들이 그 부분에 있어서 우리의 도움을 간절히 필요로 하고 있다는 사실을 말이다.

30대와 40대에 중요해 보였던 것이 50대에 이르러서는 더 이상 중요한 문제가 아니었다. 나의 핵심적 사고는, 마치 하나의 큰 원을 그리듯, 이 세상의 굶주린 아이들을 돕고자 하는 열망으로 가득했던 초등학생 시절로 다시 돌아가게 되었다. 하나님께서는 내 가슴에 그 열망의 짐을 지워 주셨다. 그리고 그때부터 나는 이 어린이들에게 먹을 것을 나누어 주는 일과 관련하여 내 힘이 닿는 범위 내의 모든 일들을 다하게 되었다.

일전에 나는 자신의 과체중을 덜어 내어 이 세상의 헐벗고 굶주린 사람들과 나눈 한 사람의 이야기를 담은 책을 쓴 적이 있다. 성형수술에 대한 이야기가 아니다. 다만 우리가 지니고 있는 일부의 자그마한 정신적 희생이 요구되는 그런 이야기이다.

우리, 이런 생각을 한번 해 보면 어떨까? 실질적으로 필요하지도 않은 음식을 계속해서 몸속에 주입해야 하는 걸까? 아니면 헐벗고, 심지어는 굶주려 죽어 가고 있는 이 세상 한쪽의 사람들에게 먹을 것을 나누며 자기가 가지고 있는 재산을 써야 할까? 단 1초 동안만 그 점에 대해서 생각해 봐도 답은 바로 얻어질 것이다.

우리는 우리 마음대로 살기 위해 이 땅에 온 것이 아니다. 전적으로 하나님께서 우리를 이 땅에 오게 하셨으며, 그래서 당신께서는 우리 모든 사람 하나하나가 덜 가진 사람들에게 다가가 도움의 손길을 건네길 바라고 계신다.

만일 세계 도처에서 식량난으로 굶주리고 있는 지구촌 형제들의 모습을 텔레비전을 통해 보게 될 때 가슴 한켠에 강한 끌림이 있다면 그 끌림을 행동으로 옮겨라. 굶주림은 우리 자신을 포함해서 세계 어느 나라에서든 존재하고 있다. 굶주림 현상은 단지 굶주리고 있는 사람이 게을러서만 생기는 것은 아니다. 오히려 그보다는 그들이 태어난 여건이나 환경에 기인하는 바가 크다. 그들은 단지 먹을 것을 살 돈이 없을 뿐이다.

굶주린 사람들과 먹을 것을 나누면 천국에서 왕관을 쓸 수 있을 것이라고 보장할 수는 없지만, 분명 그를 통해 당신은 기쁨과 행복과 마음의 평화를 얻게 될 것이다. 천국에 이르렀을 때 우리가 가장 소망하는 것은 하나님께서 등을 두드려 주시면서 하시는 "내 아들아, 잘하였도다! My child, well done!" 란 말씀이다.

05

목적과 신념이 롤러코스터와 같은 인생을 평탄케 한다

: 캐롤린 K. 페리 Carolyn K. Perry

부동산 중개인, 오하이오

아기가 제힘으로 일어서서 걸음마를 떼며 사랑하는 사람에게로 다가가려고 끊임없이 시도하는 모습을 보고 있노라면 정말 흥분이 안 되려야 안 될 수가 없다. 아이의 두 눈은 그야말로 환희의 빛으로 넘쳐 난다. 기쁨의 순간을 만끽하기 위해 주저앉고 또 주저앉아도, 넘어지고 또 넘어져도 아이의 표정에서는 조금도 괴로워하는 기색을 엿볼 수가 없다. 목적을 이루고자 하는 아이의 일념이 결국은 성공을 일구어 낸다.

어린 시절, 가족 구성원들을 기쁘게 해 주고자 하는 나의 열정은 내게 무척이나 중요했다. 때때로 새 옷을 얻어 입지 못했어도, 그리고 시골에 산다는 이유로 선생님으로부터 비아냥거리는 말을 종종 들었어도 그 열정은 나를 거뜬히 보호해 주고 지켜 줬으니까. 사실, 그때 당시, 아버지는 나에게 비아냥거린 그 선생님을 찾아가서 내게 더 이상은 부정적인 말을 하지 말아 달라고 부탁하셨다 한다. 그리고 나서 그해 학년 말에 나는 학급에서 최고의 성적을 받게 되었다. 그런데 이게 또 웬일인가. 내가 그렇게도 사랑하고 의지했던 나의 가족이 그만 거친 소용돌이 속에 휩싸이게 된 것이다. 부모님께서는 별거를 하시더니, 급기야는 이혼을 하셨다.

폭풍의 소용돌이 속에서 나는 교내의 여러 동아리에 들어 다양한 활동을 하기 시작했으며, 교회의 청년회 모임에도 가입했다. 그리고 그 여러 동아리 모임에서 나는 나만의 미래를 위한 목표와 신념을 가지고 친구들을 사귀었다. 비록 돈 나올 구석이라고는 딱히 없었지만 나는 대학에 가야겠다는 믿음을 스스로 다져 나갔다. 그나마 다행히도 아버지 어머니께서 해마다 학비를 각각 절반씩 부담해 주셨다. 그리고 나는 또 나 나름대로 여름학교를 부지런히 활용하여 7학기 만에 학사 일정을 마칠 수 있었다.

사실 나는 의대에 가고 싶었지만 졸업 후에는 바로 직업 전선에 뛰어들어야만 했다. 바로 그 무렵 나는 훗날 남편이 될 스물세 살의 한 남자를 만나게 되었고, 결국 의대 진학이 아닌 의료공학에서 경력을 쌓는 일을 선택하게 되었다. 당시에 결혼 생활을 병행하면서 할 수 있는 일로서는 그것이 내게 어울리는 결단이었다. 그리고 결과를 놓고 보더라도, 그때 의대에 진학하지 않았던 것이 나에게는 축복이었다.

끊임없이 계속되는 배움은 나의 지적 수준을 더욱 끌어올려 주었고, 나는 전국 규모의 학회 모임에서 사례 연구 발표자로 참여하는 단계에까지 이르렀다. 그뿐만 아니라, 배움을 계속하면서 나는 미국 임상병리학회가 인정하는 혈액학자로 등록되는 영광까지 안게 되었다. 무엇보다도 잘된 일은, 그를 통해서 내가 더 많은 사람들을 도울 수 있게 되었다는 사실이다.

나는 MBA 과정을 시작했다. 그리고 그 과정을 절반 정도 수료했을 무렵, 남편에게 암 선고가 내려졌다. 나로서는 전혀 선택의 여지가 없었다. MBA보다는 남편이 훨씬 더 중요했기 때문이다. 나는 MBA를 중도에서 포기했다.

대학에 다니는 딸은 학교에서 돌아오면, 내가 병원 일을 마치고 집으로 돌아오기 전에 이미 호스피스 오후 교대조로 활동하기 위해 곧바로 외출을 했다. 얼마나 축복받은 일인가! 호스피스들은 너무나도 큰 도움을 주는 사람들이었다. 심지어 내 남편이 살아 있는 동안에도 말이다. 당시 나는 할 수만 있다면 그 일을 해 보겠다고 맹세까지 했을 정도였다.

한편, 나는 절친했던 친구를 잃고 크게 고통스러워하는 아들(당시 10대였음)을 보면서 내가 겪는 고통을 일부 이해하게 되었다. 그때 내가 깨달은 것은, 이제 정말 내가 아들을 위해서라도 강해질 필요가 있다는 것이었다. 또한 나는 남편의 사후, 유족 연금을 제대로 받아 내기 위해 5년이란 기간 동안 법정에서 당당히 싸우기 위해서라도 강해질 필요가 있었다. 유능한 변호사의 도움과 나의 신념이 바탕이 된 나의 목적과 진실이 결국은 승리를 일구어 내게 했다. 계속되는 고난과 시련의 막바지에 이르러, 나는 파트타임으로 투자정보 서비스 기관에서 일을 시작했다. 하나님께서는 결코 내 힘과 의지를 꺾지 않으셨다.

그러나 곧이어 나는 혼자서는 감당하기 어려운 도전에 또 한 번 직면하고 말았다. 당시로부터 3년 전에 다쳤던 오른팔이 더욱 악화되는 바람에 그 팔을 거의 쓸 수 없게 된 것이다. 나는 내 의지로도 이제 더 이상은 어떻게 할 수 없다는 것을 깨닫게 되었다. 내가 오로지 믿고 의지할 수 있는 것이라곤 하나님께 간구하는 것뿐이었다. 나는 두 차례에 걸쳐 수술을 받았으며, 오로지 끊임없는 믿음과 신념으로만 당시를 버텨 나갔다. 그러는 가운데 나는 한 의사를 만나게 되었다. 그는 자신이 처방하는 마사지 치료를 받으면 오른팔이 치유될 수 있다고 말했다. 나는 내 팔이 치유될 수 있다는 신념을 가지고 주어진 치료 과정에 부지런히 참여했다. 놀랍게도 내 오른팔은 80퍼센트 이상의 제 기능을 찾아 가고 있다.

하나님은 참 좋은 분이다. 내겐 지금 또 하나의 목적이 있다. 지금 내가 하고 있는 캐시플로 비즈니스를 하면서 다른 사람을 돕는 일, 그리고 호스피스를 돕는 일 외에 내 아이들이 각자의 삶의 길을 찾아 걸어가는 것을 자랑스럽게 지켜보는 것이다. 내 목적은 내 주위 사람들이 교육, 치료, 그리고 평범한 복지의 혜택을 누리며 살아갈 수 있도록 일조를 하는 데 집중되어 있다.

나는 얼마나 많은 사람들이 영고성쇠를 누리는지에 대해서는 일말의 관심도 없다. 다만, 어떤 일이 있어도 다른 사람들에게 다가가 그들을 이

해하고, 그들과 함께하는 것, 그것이 바로 가장 분명한 인생의 롤러코스
터의 위기를 치유하는 길이라는 것을 의식하고 있을 뿐이다.

당신의 에너지에 플러그를 꽂아라

06

이제는 잠에서 깨어나 당신이 사랑하는 삶을 살아가야 할 시간!

시안 버클리 Sian Buckley

애스트론 머니 매니저스 Astron Money Managers 이사, 남아프리카

12년 하고도 6개월 전, 나는 작은 침실이 세 개 딸린 집에서 가족과 함께 살았다. 나는 대기업의 지점장으로 오전 8시부터 오후 5시까지 근무를 했다. 보통 사람들보다는 비교적 높은 급여를 받긴 했지만 정신적으로는 남들보다 나을 게 없는 처지였다. 뭔가 변화를 줘야만 했다. 아니 변해야만 했다.

나는 수차례에 걸쳐 영혼 찾기를 시도했다. 그리고 자유야말로 내가 찾아야 할 최우선 과제라는 것을 깨달았다. 내 삶에 있어서 자유의 다른 표현은 없었다. 나는 내게 적합한 시간 동안만 일할 수 있는 그런 자유를 원

했다. 나 자신을 돌아보며 글 한 줄 쓸 수 있는 자유를 원했다. 내가 관심 있어하는 일에 흥분과 열정을 느끼고 싶었다. 내 아이들이 학교에서 돌아오면 집에서 기다리고 있다가 그 아이들을 맞이하고 싶었다. 그리고 여유 있고 평안한 라이프스타일을 즐기는 데 도움이 될 수 있는 일반 상식은 물론 재정과 관련된 지식을 쌓고 싶었다.

나는 자수성가한 백만장자들이 쓴 자기계발서를 부지런히 읽기 시작했다. 특히 재정과 관련된 책은 닥치는 대로 모조리 읽었다. 그리고 그런 뒤에 깨달은 바가 하나 있었다. 진정한 재정적 성공을 이루기 위해서는 사업을 한다든가 소득을 발생시키는 그 밖의 어떤 활동을 함으로써 재산을 쌓을 수 있는 계획을 세워야 한다는 것이었다.

나는 부모님께서 돈 관리를 어떻게 해 오셨는지, 그리고 평상시에 나 자신의 믿음이 어떻게 행동으로 이어져 왔는지에 대해 돌아보면서 그간 내가 걸어온 지난 세월을 차분히 되짚어 보았다. 나는 어린 시절에 즐겨 했던 행동들을 글로 적었다. 언니 로즈마리와 제니퍼는 내가 과거에 보였던 사업가적인 행동들에 대한 얘기를 들려주었다. 여덟 살 적에, 나는 자주 사탕을 상자째 사곤 했다고 한다. 그러고는 각 상자에 사탕이 몇 개씩 들어 있는지를 세어 본 다음, 그것을 학교에 가지고 가서 원래 사탕 값의 두 배를 받고 아이들에게 팔았다고 한다. 그 외에도 장사 수완을 보이는 듯한 어린 시절의 이야기는 수도 없이 많았다.

어린아이이면서도 나는 천성적으로 사업과 돈에 남달리 많은 관심을 보였던 것 같다. 그래서 나만의 영혼을 찾는 노력을 한 다음, 확고한 신념을 바탕으로 하여 나는 마침내 당찬 첫발을 내디뎠다. 재무계획 관련 산업 분야에서 나만의 비즈니스를 시작하기 위한 '안정된' 직업을 잡은 것이다.

처음에는 두려운 마음이 앞섰다. 하지만 성공이란 것도 따지고 보면 하나의 선택일 뿐이며 못할 것도 없다는 생각으로 각오를 단단히 하였다. 재무 업무를 맡으면서 나는 매월 꼬박꼬박 빠지지 않고 관련 회의를 하였다. 그러면서 시종일관 해당 분야에서 성공해야만 한다는 생각을 하였다. 그러는 가운데 나는 돈에 관한 한 모든 것을 숙달하였으며, 그와 더불어 개인적인 면으로나 재정적인 면으로나 두 마리의 토끼를 잡기 위해서는 먼저 두려움을 극복하고 나 자신에게 주어진 영역에 도전할 필요가 있다는 것을 알게 되었다.

지난 12년 동안 나는 적지 않은 지식과 경험을 쌓게 되었다. 그러나 그 시간 동안 순항만 있지는 않았다. 남편 조나단과 나는 다섯 개의 사업체를 꾸렸고, 그중 2개 업체를 처분하였다. 그리고 1994년에 우리는 처음으로 투자 차원에서 두 건의 부동산을 사들였다. 부동산 시장으로 처음 진입하다 보니 그 부담감이 만만치 않았다. 그 시도는 우리 부부에게 분명 엄청난 시도였다. 그러나 다행히도, 매입한 부동산을 임대하면서 우리는 안정을 되찾게 되었으며, 그 후 계속해서 더 많은 부동산을 사들였다. 돌아보니 지난 10년 동안 우리가 투자 차원에서 사들인 부동산 건수가 10건이나 되었다. 이제 우리는 향후 5년 내에 8건의 부동산을 더 매입할 계획이다.

사실, 사업을 하면서 우리에겐 사업적인 부분 외에도, 가정적으로 크고 작은 험난한 도전들이 있었다. 아들 대런이 다이빙 사고로 목이 부러지면서 사지가 마비되는 엄청난 불운을 겪은 것이다. 현재 대런은 자신의 변화된 환경에 잘 적응해 가고 있는 중이다. 다 지난 이야기지만, 대런 외의 우리 가족 역시 뜻밖에 찾아온 그 비극적인 상황을 다스리는 데 1년이 걸렸다. 삶은 깨질 수 있다. 최상의 행복한 순간들로 매일 매일을 가득 채우며 살아갈 수는 없는 것이 우리네의 삶인 것 같다. 그 누구도 예외일 수는 없다.

우리는 인생을 살아가면서 가끔씩 툭툭 불거져 나오는 외적인 환경에 자제력을 잃고 동요하곤 한다. 하지만 우리는 인간만이 지닐 수 있는 영적인 힘으로 인해 언제나 균형을 잡을 수가 있다. 뿐만 아니라 쓰라린 경험에서 오는 지혜로부터 활력을 되찾을 수도 있다.

나는 나만의 열정을 발견하였다. 그리고 내가 하고 있는 일을 사랑한다. 나는 남아프리카에서 애스트론 머니 매니저스라는 회사를 공동으로 운영하고 있다. 우리는 주위의 많은 사람들이 각자 자신들의 삶을 보다 새로운 방향으로 전환할 수 있도록 도움을 주고 있다. 그 일환으로 우리는 자체적으로 개발한 공인된 프로그램을 통해 그들에게 자기들이 가지고 있는 돈을 어떻게 운영해야 하는지, 삶 속에서 어떻게 자유를 발견해야 하는지, 그리고 어떻게 해야 더 많은 돈을 벌 수 있는지 등에 대한 방법을 제시하고 있다.

오늘날, 나는 나 자신에게 적합한 시간 동안 일할 수 있는 자유를 누리고 있다. 그리고 내가 원할 때에는 언제나 집에서 가족과 함께할 수 있는 환경을 마련하였다. 게다가, 매일같이 나는 나 자신의 내적 성장과 아울러 재정적 성장을 위한 나름대로의 배움을 게을리 하지 않고 있다. 그야말로 나는 나이고자 하는 나만의 자유를 누리며 살아가고 있는 것이다. 당신역시 당신이고자 하는 당신만의 자유를 지닐 수 있다!

07

서핑과
외줄타기

: **랄프 맥커친** Ralph McCutcheon

정골整骨 요법 의사(침술사), 라이프 코치, 항해사, 화가, 영국

'인생은 오르내림의 연속과 같다' 는 말을 진지하게 생각해 본 적이 있는가?

"인생의 오르막과 내리막은 누구에게나 있다."

많은 사람들이 하는 대답이다. 창조는 이중성의 원리를 기반으로 하고 있다. 그래서 인간의 영고성쇠는 늘 반복된다. 안이 있으면 밖이 있고, 앞이 있으면 뒤가 있고, 행복한 순간이 있으면 슬픈 순간이 있으며, 사랑하는 대상이 있으면 싫어하는 대상이 있게 마련이다. 모든 존재는 저마다 동질성을 지니고 있는 반면 상반성도 내포하고 있기 때문이다. 중국 음양 철

당신의 에너지에 플러그를 꽂아라

학은 바로 이런 개념들을 아우르고 있다고 할 수 있다.

우리는 제각기 자신이 원하는 쪽을 선택할 수 있다. 그것이 긍정적인 것이든 부정적인 것이든, 낙관적인 것이든 비관적인 것이든, 사랑하는 것이든 미워하는 것이든, 그리고 창조적인 것이든 파괴적인 것이든 말이다. 그렇기에 우리는 그 양쪽의 성향을 모두 조금씩 지니고 있다. 하지만 우리의 근원적인 욕망은 보편적으로 긍정과 창조, 그리고 사랑에 단단히 뿌리를 내리고 있다.

그렇다면 우리가 어떤 대상을 욕망하게 될 경우엔 무엇을 얻을 수 있을까? 그런데 여기서 잠시 다른 얘길 먼저 하자면, 우리는 자신을 위해 각기 인생을 살아가면서 나름대로 갖가지 유형의 온갖 구실을 찾아낸다. '인생은 고달프다', '사람들이 비열하다', '나로서도 어쩔 수 없었다', '그 사람들은 운이 좋았다' 등등의 구실을 말이다.

그럼, 다시 앞서 질문한 내용으로 돌아가 보자. 그 질문에 대한 답은 우리 자신 내부에 있다. 결코 다른 사람들에게 있는 것이 아니다. 대부분의 사회를 들여다보면, 사람은 태어나면서부터 프로그램화된 틀 속에서 살아가고 있는 것 같다. 그러면서 우리는 우리 내부의 컴퓨터상에서 내정값의 프로그램이 되어 버린다. 여기서 중요한 것은 지나친 가정이나 부정적인 가능성을 동반한 선입견은 우리로 하여금 과도의 경계심을 갖게 하거나 의심을 하게 만들며, 때로는 비관적인 생각마저 갖게 만든다는 것이다.

인간의 삶은 팽팽한 줄 위에서 줄타기를 하는 것과 흡사하다. 우리는 높은 줄 위의 한쪽 출발점에서 맞은편에 있는 도착 지점으로 이동을 하면서 어느 한쪽으로도 떨어지지 않기 위해 몸의 균형을 잡으며 조심조심 한 발한 발 내디디며 걸어간다. 한쪽으로 떨어지는 것은 '괜찮고', 다른 한쪽으로 떨어지는 것은 '나쁘다'고 말할 수도 없다. 그러나 사실 어느 쪽으로 떨어지더라도 줄 위에서 떨어지는 것은 매한가지이다. 어쨌든 떨어지는 것은 떨어지는 것이니까.

그러나 몇 번 타다 보면 우리는 어느새 점차적으로 두려움과 동요에서 벗어나 침착하게 대응하게 된다. 그러면서 서서히 유연하게 줄을 타는 방법을 터득해 나간다. 그럼으로써 우리는 차츰차츰 신념과 믿음의 균형이 우리에게 얼마만큼 큰 도움을 주는지를 깨닫게 되며, 그것을 바탕으로 더욱더 큰 자신감을 가지고 앞으로 나아가게 된다.

그런데 불이 나갔다. 한밤중에 불을 밝히고 줄타기를 하고 있는데 갑자기 조명이 나간 것이다! 우리네의 삶도 왜 그럴 때가 있지 않은가? 주변의 누군가가 장난을 치고 있는 모양이다. 줄을 타고 있던 우리는 갑자기 두려움과 외로움을 느끼는 동시에 당장에 방향 감각을 잃을 것만 같다. 공포감이 몰려온다. 높다란 외줄 밑으로 안전 그물망이 있는지 없는지도 확신이 들지 않는다. 그러면서 우리는 순간적으로 패닉 상태에 빠져든다. 손에 쥐고 있던 신념과 믿음의 장대도 놓칠 것만 같다. 당장에라도 떨어질 것만 같다. 그러나 그렇게 되지 않기 위해서는 신념과 믿음의 장대를 더욱 단단히 움켜쥐고 두 눈을 목적지에 고정시킨 다음 아래를 내려다보지 말고 다시 앞으로 나아갈 길을 보게 될 때까지 천천히 나아가야 한다. 침착하게 고비를 넘겨야만 한다.

그렇게 인생의 외줄 위를 한 발 한 발 나아가야 한다. 그렇게만 되면 우리는 점차 줄타기에 능숙해질 것이다. 한마디로 보다 더 균형을 잘 잡아나가게 된다는 것이다. 그럼 이제, 이쪽저쪽으로의 몸의 흔들림이 줄어들게 되고, 미숙함이 능숙함으로 바뀌고, 두려움이 즐거움으로 바뀌고, 부끄러움이 당당함으로 바뀌게 되는 것이다. 결국, 균형이란 것은 인생 여정에서 우리를 바로잡아 주는 지렛대와도 같은 역할을 하게 되는 것이다.

따라서 외줄타기를 배워 가는 사람처럼 삶의 능력을 쌓아 갈 때, 비로소 우리는 자신만의 여정의 방식에 따라 목적지에 먼저 도달해 있는 사람들이 있는 맞은편 지점까지 갈 수 있게 되는 것이다. 여기서 가장 중요한 것은 절대 아래를 내려다보지 않고 오로지 시선을 목적지에 두는 것이다.

나는 실패의 두려움을 극복하고 내 나름대로 균형을 잡아 가기까지 헤아릴 수 없을 정도로 수많은 좌절을 겪었다. 정말 대단했다! 고난의 파도를 견뎌 내기란 정말 나로서도 감당하기 어려웠다. 끊임없이 시도하고 싸워야 했으니까. 그러나 태양은 언제나 빛을 비춰 주었다. 그런 가운데 나는 파도의 물마루 위에서 사투를 벌여야 했다. 나는 긴장된 의식의 끈을 단 한순간도 놓을 수가 없었다. 그랬다가는 곧바로 파도에 휩쓸려 물속에 빠져야 했으니까. 그러나 그러고는 또다시 계속되는 파도와 싸워야 했다. 운 좋게도 나는 절박한 고통을 견뎌 낼 줄 아는 육감을 발전시킬 줄 알았던 것 같다. 그럼으로써 순간순간 시간을 벌 수 있었으며, 그 과정 속에서 스스로에게 믿음을 유지할 수 있었다. 우리에게 위기나 두려움은 언제나 계속된다. 그러나 그것을 완화하고 극복하게 하는 믿음과 육감은 물론, 험난한 파고를 슬기롭게 타고 넘을 수 있는 균형 감각까지도 이미 우리 모두에게 내재해 있다는 사실을 우리는 인지해야 할 것이다. 중요한 것은, 우리 안에 내재해 있는 그 믿음과 육감, 그리고 매 순간을 적절히 조절할 수 있는 균형 감각을 우리가 얼마나 잘 발전시키고, 그 감각들을 또 어떻게 유용하게 잘 활용하느냐하는 문제이다.

08

난 왜 여기에
와 있는가?

(R. 빈 헨더슨 박사와의 인터뷰 중에서)

디팩 초프라 Deepak Chopra
〈뉴욕타임스〉 베스트셀러 작가
『풍요로운 삶을 위한 일곱 가지 지혜 The Seven Spiritual Laws of Success』의 저자

이 땅의 대부분의 사람들은 저마다 부족하거나 행복하지 못하다고 느끼고 있다. 목적이나 임무가 없는 탓이다. 만물의 영장인 우리는 인간이기 때문에 목적을 추구하고 그 속에서 의미를 찾는다. 그리고 인간이기 때문에 웃을 수도 있고, 또한 언젠가 한 번은 맞게 될 죽음에 대해서도 저마다 의식을 하고 있다. 바로 이것이야말로 우리 인간이 다른 동물들과 구분되는 부분이라 할 수 있다. 따라서 웃음, 죽음, 그리고 목적은 우리 인간에게 대단히 중요한 화두라 아니할 수 없다. 우리는 의미를 추구한다. 삶에 있어서의 깊은 의미 말이다.

나는 왜 여기에 있는가? 나는 왜 이 땅에 존재하고 있는 것일까? 우리는 삶 자체 속에서 다른 존재들의 삶과 차별화를 이루기 위해 이 땅에 존재하고 있는 것이다. 차별화를 이루기 위해서 우리는 자신이 무엇에 재능이 있는지, 그리고 무엇을 하고 싶은지, 그리고 다른 사람들에게 은혜를 베풀 수 있는 일로서 어떤 것이 있는지를 찾아야만 한다.

우리 모두는 나름대로 인생에서 각자의 임무가 있다. 이를테면, 나의 임무는 인간의 의식과 그것의 다양한 표현을 이해함은 물론, 그것을 탐구하고, 아울러 나와 같은 일에 관심이 있는 모든 사람과 그것을 공유하는 것이다. 요컨대, 사랑의 규약으로서 치유의 메커니즘을 이해하는 것이다. 아주 간단하게 다시 표현하자면, 사랑하고, 치유하고, 헌신하며, 그리고 나는 물론이고 내가 알고 있는 모든 사람들을 위해 변화하는 과정을 시작하는 일이다.

주어진 임무를 다하기 위한 일환으로, 나는 '초프라 센터'를 설립하였다. 여기서 내가 할 일은 정신, 육체, 그리고 영혼에 대한 치유의 관계 속에 어떤 연결 고리가 있는지를 일반 대중에게는 물론이고 건강 전문가나 환자들에게까지 가르쳐 주는 일이다. 그것이 바로 내게 주어진 임무인 것이다. 나는 사람들에게 내적 자아를 발견하는 방법을 가르치고 있다. (사실, 대부분의 사람들은 그것과의 교류를 하지 못하고 살아가고 있다.) 내적 자아를 발견하게 되면, 우리는 자신의 육체 그 자체가 멋진 약물을 조제해 내는 훌륭한 약국이라는 사실을 깨닫게 될 것이다. 다시 말해서, 인간의 육체 자체가 다른 도움을 빌리지 않고도 적당한 시점에 스스로를 치유할 수 있게 된

    당신의 에너지에 플러그를 꽂아라

다는 것이다.

인간의 육체는 커뮤니케이션을 하는 하나의 네트워크와 같다. 우리의 사고는 몸에서 일어나는 모든 것에 영향을 준다. 그러나 문제는 많은 사람들이 아무 생각 없이 타성적으로 이렇게 추측을 한다는 사실이다.

"내가 오로지 해야 할 일은 긍정적인 생각을 해야 한다는 것이다. 그러면 모든 것이 다 좋아질 것이다."

상당수의 사람들이 바로 이처럼 자가진단을 하기 때문에, 자신이 자연법칙에 어긋난 인위적인 모습으로 변해 간다는 사실을 모른 채 그저 모든 것이 다 이상이 없는 것처럼 행동한다.

우리는 그것을 뛰어넘어야만 한다. 우리는 침묵을 경험해야만 한다. 침묵을 경험할 때 비로소 치유의 에너지는 우리 몸속에서 활동을 시작하며, 바로 그때 우리의 육체와 정신 간의 균형이 생성되는 것이다. 성경의 시편 46장 10절은 이렇게 전하고 있다.

"너희는 가만히 있어 내가 하나님 됨을 알지어다."

우리가 침묵하면 육체는 그 스스로를 어떻게 치유해야 하는지를 알고 있다는 것이다.

임무에 대한 추구는 내게 더욱 충만함을 준다. 달리 표현하자면, 나를 더욱 온전한 사람으로 거듭나게 해 준다는 뜻이다. 그러다 보니, 그것은 내가 지금까지 해 오고 있는 일을 앞으로도 계속해야 한다는 생각을 내게 불어넣어 주는 역할 또한 하고 있다. 만일 내게 시간과 재물이 허락되었다면, 그와 관련된 일을 택해서 활동을 해 나가는 것이 나의 임무가 되었을 것이다. 임무는 내게 기쁨을 주고 이 우주의 창조물과 교통할 수 있는 연결 고리 또한 안겨 준다. 그래서 나는 깨닫게 되었다. 내 목표에 대한 추구가 바로 진보적인 행복의 영역 확장이라는 것을 말이다.

목표를 추구하여 이 세상에서의 행복과 일체감과 균형을 꼭 발견하길 바란다.

자아발견의 여정

: **에리카 더피** Erika Duffy

교육학 박사, 카운슬러, 최면요법사, 뉴햄프셔

다른 사람을 도울 수 있도록 도와 달라고 하나님께 간구하면서, 정작 나 자신을 위해서는 도움을 간구할 권리가 없다고 생각하던 어린 시절이 생각난다. 어렸을 적, 나는 나 자신을 몹시도 싫어했다. 내 감정들 따윈 전혀 중요하지 않다고 느꼈으니까. 나는 내 감정들을 억지로 꾹꾹 눌렀다. 그리고 여러 해 동안에 걸친 성적·정서적·육체적 학대로 인한 정신적 상처에 대해서 그 누구에게 단 한 번도 말을 해 본 적이 없었다.

"그 누구에게도 절대 말해선 안 돼."

당시 누군가로부터 내가 들은 말이었다.

"아무도 네가 하는 말을 믿지 않을 거야. 너는 지붕 아래에서 식탁에 앉아 음식을 먹을 수 있는 지금 상황에 대해 오히려 감사해야 해."

나는 자신을 비난했으며 나 자신이 나쁜 사람임에 틀림없다고 생각했다. 그래서 나는 하나님께 나 아닌 다른 사람들에게 도움을 주십사고 기도를 드림으로써, 나중에라도 어쨌든 내게도 도움을 주실 날이 있기를 소망했다.

나는 들은 대로 했다. 모든 것을 가슴에 묻은 채 침묵을 지켰다. 자기혐오와 수치심은 나를 고갈시켰다. 나는 내 삶과 내가 사랑했던 대상들을 항상 두려워하며 살아가는 법을 배웠다. 좀 더 나이가 들어 가면서, 그제야 정서적인 문제가 이제는 육체적인 문제로 표출되어 나온다는 것을 알게 되었다. 10대에 들어, 우울증과 극도의 불안 증세로 고통을 겪으면서 처음으로 그런 이상 현상을 확인하게 되었다. 대장염으로 병원 신세를 지게 된 것이다.

그런데 문제는 계속 발전되어 나갔다. 이번엔 척수에 이상이 온 것이다. 고통이 심했다. 일시적이었지만 몸을 제대로 추스를 수 없을 정도로 장애 현상이 나타났다. 그러더니 이번엔 어지럼증에 순간적으로 의식을 잃는 등 심리적 외상후스트레스장애로 그 증상이 점점 더 악화되어 가는 것이었다. 나는 집 밖으로 나갈 수조차 없었다. '나는 이렇게 죽어 가는구나, 그 누구의 도움도 받지 못하고서!', '딸이 이렇게 다 죽어 갈 지경에 이르렀는데, 아버지란 사람이 어떻게 이럴 수가 있을까' 하는 생각이 들었다. 아버지를 떠올린 것이었다. 그런데 마침 때를 같이하여 내 진짜 생부에 대한 소식을 듣게 되었다.

쌍둥이 오빠와 나는 아버지를 찾았다. 생부는 계모와 두 명의 이복 여동생과 함께 살고 있었다. 나를 키워 준 사람은 진짜 내 아버지가 아니라 사기꾼이었던 것이다. 나는 진짜 아버지를 발견하고는 '맙소사, 내게 이런 은혜가 내리다니……' 라는 생각이 들었다. 부인할 수 없는 당시의 내 생각이었다. 그러나 또 다른 한편으로는 '내가 누려야 했던 삶을 송두리째 빼앗기고, 그 대신 끔찍한 세월을 살아왔구나' 하는 생각이 동시에 나를 사로잡았다. 문제는 여전히 미답으로 남아 있다. 현실을 위한 절망적인 자아상이 내게 혼란스럽게 다가왔다. 그리고 나는 궁색한 선택을 하게 되었다. 내가 살아왔던 고통의 세월로부터 탈출해야겠다는 것이었다. 이 감정들은 곧 나의 정체성으로 이어졌다.

모든 게 바닥이었다. 기댈 데라곤 아무것도 없는 무기력감 그 자체였다. 의사들도 그저 먹는 약만 처방해 줄 뿐 내게 아무런 도움도 줄 수 없었다. 그런데 그때 깨닫기 시작한 게 있었다. 그때까지도 나는 계속해서 억눌린 정서 속에서 살아가고 있다는 것이었다. 과거의 감정을 고집하면 할수록 나는 점점 더 그쪽으로 빠져들 수밖에 없었다. 그래서 나는 감정과 정서를 억누르고 살아가는 것은 이제 그만 뒤로하고, 그것들을 어떻게 하면 내 안에서 서로 교류하게 하고, 그러는 가운데 그것들을 밖으로 표출하며 살아가야 하는지에 대한 것을 배워 나가기로 하였다. 내가 어떻게 느끼고, 또 어떻게 생각해야 한다는, 그야말로 나 자신이 느끼는 감정을 지나

치게 컨트롤해서는 안 되겠다는 생각을 한 것이다. 대신에, 이제는 그 감정과 어떻게 교감하면서 살아가야 할 것인가에 대한 생각을 하기 시작했다. 그렇게 나는 내 느낌이나 감정을 발전시켜 나갔다. 그랬더니 그제야 서서히 깨달아지는 게 있었다. 기분이나 감정이 이전보다 한결 개선되어 가고 있는 것이었다. 그리고 나처럼 고통받는 다른 사람들에게 가르침을 주고 싶다는 생각이 드는 것이었다.

나는 전국을 돌아다녔다. 그렇게 여행을 하면서 개인적인 성장은 물론 나 자신에 대한 이해가 생기기 시작했다. 나는 훌륭한 교사와 멘토들과 함께 활동을 하기 시작했다. 그러면서 정서적·정신적·물리적·영적 육체가 서로 어떻게 교류하고 있는지를 배우게 되었다. 나는 학교에서 강의를 들으면서 우리의 삶 속으로 파고드는 여러 증상과 부정적인 유형들을 떨쳐 내기 위한 기술과 도구들을 터득하게 되었다. 나는 무의식적인 마인드와 그것이 우리의 삶에 미치는 영향에 대해 공부를 하였다. 그리고 우리의 물리적인 육체는 감정이나 정서를 표현할 때에 비로소 치유되고 변화된다는 것을 알게 되었다. 그리고 그 모든 것의 궁극적인 목표는 바로 행복하게 사는 것이라는 것을 터득하게 되면서 내 정체성을 발견하기에 이르렀다. 이제 지금의 나는 지난 세월의 경험을 되살려 더욱 좋은 방법으로 활용하여 과거의 나처럼 고통받고 있는 사람들이 자신의 과거를 극복하여 자신이 원하는 진정한 삶의 행복을 발견할 수 있도록 도와주는 일을 성공적으로 수행하고 있다. 나는 정말 하루하루 매일같이 나만의 진정한 자아를 발견하면서 살아가고 있다. 이젠 멋진 가족도 있고 아름다운 집도 있다.

우리는 누구나 과거에 집착해 그것으로 인한 고통을 늘 짊어지고 살아 갈 수가 있다. 그러나 우리는 역으로 그것을 활용하여 우리 자신과 우리 의 목적을 발견하고, 아울러 보다 더 행복한 삶을 창조할 수 있는 도구로 삼을 수도 있다. 지금 자신이 불행하다고 느낀다면 이것 하나만 알아 두 라. 당신은 지나간 과거를 변화시키고 그것으로부터 해방될 수 있는 힘 을 지니고 있다는 것을. 이제 일어서라. 그리고 진짜 당신만의 삶을 살아 가라.

10

어떤 성공

아니 페칠러 3세 Amie Pechler III

금융자산관리사, 강연가, 뉴욕

"지나간 발자국을 따라가지 마라. 인도자가 나타나길 기다리지도 마라. 당신 자신의 길은 당신이 직접 선택하라. 그러면 당신은 성공할 것이다!"

이 말은 지금으로부터 30년 전에 내가 고등학교를 졸업하던 날, 나의 아버지가 들려준 시의 한 대목이다.

중년의 나이가 되어 지나온 상황을 더듬어 보니, 아버지는 대단히 낙천적이셨던 것 같다. 위의 시는 당신께서 내 졸업식이 있던 전날 밤 직접 쓰신 것이다.

일부의 10대 청소년들이 그렇듯, 나는 성공에 이르는 길로부터 일찍이 탈선을 하기 시작했다. 알코올이 그 주범이었다. 내 잠재력을 키워 가며 생활해 나갈 수 없도록 나를 정상 궤도에서 끌어냈으니까. 그렇게 7년을 살았다. 과도한 음주는 나를 자포자기 상태로까지 이끌어 갔다. 나는 그러는 내가 정말 역겨웠다. 그런 지경에 이른 나 자신도 싫었다. 그야말로 나는 수레에서 굴러 떨어졌다고만 할 것이 아니라, 그 수레가 다니는 길로부터도 한참 떨어진 진창에 빠진 것이나 다름없었으니까.

그렇게 바닥 생활을 하던 중, 나는 위대한 능력을 지닌 몇몇 멘토와 선생님들의 도움을 받게 되었다. 정말 헌신적인 분들이었다. 그분들의 도움으로 나는 성공에 이르는 나만의 길을 가기 위한 견고한 토대를 마련할 수 있었을 뿐만 아니라 힘들고 고통스러운 시간을 넘어 꿈을 이루어 가는 삶을 살아갈 수 있는 기반을 마련하게 되었다. 이 책을 읽는 독자 여러분에게 감히 부탁드리고 싶은 것은, 내가 아직 성공이란 목적지에 '도달하진' 못했지만, 나를 성공에 이르는 길 위에서 긴 여정을 즐기며 여행하는 사람 정도로 봐 달라는 것이다.

나의 사명은 내가 함께 교류하고 있는 사람들의 삶 속에서 의미 있는 차이를 만들어 내고, 내 삶 속에서 그들이 그들 나름대로의 의미 있는 차이를 만들어 낼 수 있도록 하는 것이다. 나는 여러 사람들에게 나름대로의 성공에 이르는 길로 들어설 수 있도록 도움을 주고, 내가 그동안의 인생 여정에서 경험한 내용을 토대로 그들이 그들 나름의 길을 가는 동안 혹여 만날 수 있는 거칠고 험난한 길, 움푹 파인 웅덩이 길, 가파른 절벽과 다리

등에 대해 조언을 해 주고 있다.

거의 대부분의 사람들은 자신이 바라는 일을 못하게 가로막는, 성공에 이르는 길에서 탈선을 하게 만드는 특성을 가지고 있다. 알코올로 인한 여러 심각한 문제들로부터 벗어나면서 나는 네 가지를 토대로 하여 새로운 기반을 다지기로 하였다. 그 네 가지 토대는 바로 성실, 책임, 목표, 그리고 신념이었다. 그리고 한 가지 깨달은 바가 있었다. 어떤 것이든 가치 있는 것을 얻기 위해서는 먼저 가치 있는 사람이 되고, 그 다음에 다른 사람을 돕는 가치 있는 일을 해야 한다는 것이었다.

가치 있는 사람이 되기 위해서 나는 시종일관 한결같은 삶을 살아가는 사람이 되어야겠다는 결심을 하였다. 모든 사람들은 저마다 '나'에 대한 서로 다른 세 가지 특성을 지니고 있다. 하나는 실제의 '나'이며, 또 다른 하나는 다른 사람들에게 보이는 '나'이고, 마지막 하나는 되고 싶은 '나'이다. 그 세 가지가 조화를 이루고 있다면 그 '나'는 행복한 사람이다. 만약 그 세 가지 특성이 서로 조화를 이루지 못한다면 그것들이 서로 조화를 이룰 수 있도록 그에 어울리는 노력을 기울일 필요가 있다. 그리고 동시에 정직하고 성실한 삶을 살아가야 한다.

나는 나 자신에게 보다 충실해질 수 있는 하나의 간단한 공식을 개발하였다. 그것은 'A+A=IM'이다. 이는 '인식Awareness 더하기 행동Action은 발전된Improved 나Me'라는 뜻이다. 반대의 공식 역시 공감할 만하다. 'A+NA=MM.'이는 '인식Awareness 더하기 비행동No Action은 불행한Miserable 나Me'라는 뜻이다.

이 과정에서 내가 터득한 것은, 여러 목표를 위해서도 그렇고, 내가 뭔가 배울 필요가 있다고 생각하는 그 대상을 위해서도 돈이 필요하다는 것이다. 나는 내 생각을 행동으로 옮겼다. 그리고 공인재무기획사^{CFP}가 되었다. 그런 다음 대학원에 진학하여 경영학 석사 학위를 취득하였다. 지식을 얻고, 그것을 다른 사람들과 공유함으로써 나는 재정적 자유를 얻게 되었으며, 다른 사람들 또한 나처럼 그렇게 할 수 있도록 도움을 주었다. 이처럼 나는 사람들에게 돈과 시간 경영에서 실제로 꼭 필요한 내용들을 제시해 주고 있다.

나는 '30퍼센트 규칙'의 실행과 그 가치를 또한 깨달았다. 수익의 10퍼센트는 교회에 헌금을 하거나 자선 단체에 기부하고, 또 10퍼센트는 저축을 하고, 나머지 10퍼센트는 자기 계발을 위해 사용해야 한다는 그런 규칙이다. 이 지침은 내게 큰 의미를 부여해 주었다.

내 인생에서 근사한 일들은 모두 행동과 신념을 통해서 가능할 수 있었다. 그리고 신념은 내게 있어서 성공을 위한 기반을 다지는 초석의 역할을 하였다. 지금까지 살아온 경험을 통해 내가 자신 있게 들려줄 수 있는 이야기는 인생에서 우리가 찾고 추구하는 것은 발견하기 어려운 특별한 대상이 아니라 우리가 평상시에 누구라도 쉽게 발견할 수 있는 것이라는 사실이다. 지금 당신이 찾고 있는 것은 무엇인가? 그것을 당장 주의 깊게 살펴보라. 그리고 신념의 영역 안에서 당신 자신의 길을 찾아라.

내가 현재 행복하고, 즐겁고, 자유롭게 살고 있다는 것은 일단 접어 두고서라도, 지난 여러 해 동안 성공에 이르는 길을 걸어오면서, 나는 내가 오늘 하루하루를 살아가고 있다는 그 자체에 큰 감사를 느낀다.

몇 년 전의 일이다. 우리 집은 호숫가에 있었다. 나는 걸어서 집으로 이어진 진입로를 막 접어들고 있었다. 그때, 세 살 난 손녀 마리아가 얼굴에 환한 함박웃음을 지으며 진입로를 가로질러 뛰어오고 있었다. 그 아이는 내게 펄쩍 뛰어올라 내 품에 폭 안겼다. 그러고는 내게 뽀뽀를 해 주면서 이렇게 말하는 것이었다.

"아빠는 럭키 보이야."

그래서 내가 물었다.

"왜 아빠가 럭키 보이지?"

그랬더니 마리아는 이렇게 대답했다.

"마리아가 아빠를 사랑하니까."

정말 '아빠'는 럭키 보이다. 사랑스런 딸이 있고, 사랑해 주는 딸이 있으니까. 성공과 행복은 분명 당신에게 있다. 다만 그것은 당신이 당신만의 길을 신중하고 조심스럽게 택하고, 신념을 가지고 걸어갈 때 이루어지는 것이다. 이제 당신의 여정을 맘껏 즐겨 보라!

치유하는 삶

∴ **앤 테일러** Ann Taylor

이너 힐링사 Inner Healing, Inc. 대표, 테네시

어린아이 때처럼 누군가가 "이 다음에 뭘 하고 싶니" 하면서 실현 가능한 10가지 직업을 말해 보라고 내게 물어 왔다면, 나는 공중곡예사와 메조소프라노 가수 중간쯤의 "에너지 치료사요" 하고 대답했을 것이다.

주식중매인으로 12년을 넘게 일해 온 내게 그런 재능이 있다는 것을 처음 인지하게 되었을 때 그 놀라움은 실로 대단했다. 내 입장이 되어 당신도 한번 상상해 보기 바란다. 당시에 나는 보통 사람들이 얘기하는, 이를테면 '그 무언가를 얻기 위해 우리는 열심히 일해야 한다' 에서 그 무언가에 해당하는 것을 전부 지니고 있었다. 환상적인 아파트, 호화로운 자동차, 근사한 남자 친구, 엄청난 수입, 그리고 일일이 나열하여 언급할 수 없을 정도로 다양한 물품과 장비들을 가지고 있었으니까.

그러나 거기엔 정작 가장 중요한 퍼즐 조각 하나가 빠져 있었다. 그것은 내가 그동안 부지런히 열심히만 살아온 그것보다 한 차원 고원高遠한 그 어떤 것과 연계된 영적인 삶이었다. 내 앞에 놓인 상당수가 그렇듯이, 에너지에 대한 나의 절실한 관심은 물질적 한계의 극복에 대한 불만은 물론이고, 나 자신을 비롯하여 다른 사람들 또한 제대로 자신의 영혼에 이르는 것이 우리 모두가 가치를 두고서 궁극적으로 추구하는 목표라는 것에 대한 깨달음에서 비롯되었다.

지난 여러 해 동안 나는 사람들 앞에서 환하게 웃으면서 내 가족력에 대한 얘기를 해 왔다. 우리 가족은 정서적으로 그다지 정상적이질 못했다. 어린 시절, 나는 이른바 아동 학대의 환경에서 자라 왔다. 물론 후에 그런 환경을 극복했지만 말이다. 그리고 보면 지난날의 경험을 토대 삼아서 이제는 정말 다른 사람들이 모두 그들 나름대로의 의미 있는 삶을 살 수 있도록 도와줄 수 있는 자격 요건을 내 나름대로 갖추었다 할 수 있지 않을까?

처음에 나는 각오를 단단히 했다. 내가 이끌어 가던 세상의 삶은 가히 매혹적이고, 중독성이 있었다. 마음 같아선 정말 참여하고 싶지 않았던 그런 '트레이닝' 과정을 한 주간 보낸 후, 나는 집으로 돌아와 다른 사람들과 함께 일을 하기 시작했다. 그런데 정말 놀랍게도 다른 사람들을 치유하는 결실을 곧바로 보게 되었다. 고객들은 물론 나 자신까지도 그 결과에 어안이 벙벙할 정도였다. 나 자신은 물론이고 이루 헤아릴 수 없을 정도로 많은 사람들의 삶까지도 완벽하게 전환시킨, 정말 절실하고, 그러면서도 깊이 감사해야 하는 상황들이 그렇게 시작이 된 것이다.

나는 '에너지 수행자*energy practitioner*'로서 10년 가까이 일해 오면서 지금까지 1만 명 정도의 사람들을 에너지를 통해 치료했다. 이 일을 하던 첫해에 나는 혼자서 수없이 많은 워크숍을 진행하면서 전국을 돌아다녔다. 그중에서 버니 시겔 박사*Dr. Bernie Siegel*와 함께했던 워크숍에서는 예수 그리스도의 도움으로 거의 1천여 명에 달하는 군중과 친밀한 교류를 하는 시간을 갖기도 하였다. 요즘 나는 내 홈오피스에서 일하고 있다. 다양한 영역의 이슈들을 다루면서 말이다.

어느 한 고객은 우울증과 자기 자신을 비하하는 현상을 치유할 수 있는지 그 가능성을 내게 물어 왔다. 또 어떤 고객은 단 한 번도 자기 일에서 만족감을 느끼지 못했다고 자신의 답답한 심경을 토로하면서 그런 정서에 대한 치유가 가능한지에 대해서도 물어 왔다. 그리고 한 프리랜서 작가는 실패에 대한 공포를 극복할 수 있도록 도움을 달라고 요청해 왔다. 그는 해마다 주기적으로 극도의 불안과 공포를 겪게 되는데, 그것은 1년 후에 자신이 또 다른 잡지사와의 계약 결렬로 인해 현재 살고 있는 셋집에서 무기력하게 쫓겨 나오게 되지는 않을까 하는 것에 대한 두려움이라고 했다. 그리고 우유부단함으로 인해 완전한 무능력 상태에 빠진 남편 대신 찾아온 부인도 있었다.

의뢰인들과의 전화 통화로 그들의 고통을 치유하는 것이 가능하다. 사실, 내가 하는 일 대부분이 그렇게 전화로 이루어진다. 지금까지 받은, 이루 다 헤아릴 수 없을 정도로 많은 감사장들은 내가 지금 하고 있는 일에 대한 파워를 입증한다고 할 수 있다. 아니, 오히려 예수 그리스도께서 나를 통해서 당신의 파워를 보여 주시는 것일 수도 있다.

지금 나는 이 세상의 멋진 삶을 위해 내게 부여된 재능을 앞으로도 절대로 덮어 두고 싶지 않다는 것을 정말 솔직하게 말할 수 있다. 일을 열심히 하다 보니 그에 대한 보상이 내게 주어졌다. 나는 내 고객들을 사랑하게 되고, 또 나만의 시간을 만들어 낼 수 있게 되었으며, 또한 감사하게도 현재 많은 돈을 벌고 있다. 그뿐만이 아니다. 최근에는 수를 헤아릴 수 없을 정도로 많은 사람들을 동시에 치료할 수 있는 국제 텔레세미나를 하면서 내 비즈니스 영역도 날로 번창해 나가고 있다. 나는 내가 이런 직종을 갖게 될 거라곤 정말 상상도 못했었다. 분명히 밝힐 수 있는 것은 나는 하나님을 섬기고 하나님의 영광을 드러내기 위해 당신이 허락하신 재능을 사용하고 있다는 사실이다.

스승의 비밀

: **론 스미스** Ron Smith

강연가, 마케팅 컨설턴트, 코치, 트레이너, 저자, 캘리포니아

오늘에 이르기까지 나는 단 한 번도, 그 누구와도 이 사실에 대해 이야기해 본 적이 없다. 아내와 아이들이 이 사실을 접하게 된 시점도 바로 요즘이니까.

근사하고 신나는 모험으로 가득한 삶을 살아가고 있다는 것이 나에게는 정말 은총이 아닐 수 없다. 거기에다 특별한 아내와 모두가 사랑으로 뭉친 가족이 있으니 더욱 그렇지 않은가? 나는 1백만 달러 정도의 시세가 나가는 집에서 살고 있다. 이를테면, 그 정도 중산층 부류의 공동체 사회에서 살아가고 있다는 것이다. 우리 아이들에겐 각자 개인교사가 있다.

그리고 그 아이들은 세계에서 가장 위대하고, 가장 성공했다 할 수 있는 코치로부터 테니스 레슨을 받고 있다. 나는 부동산 투자가이다. 나는 성공적으로 비즈니스를 이끌어 왔으며, 언제나 새로운 벤처를 시작하고 있다. 우리는 저마다 가지고 있는 꿈을 이루며 살아가고 있다. 그러나 우리가 살아가고 있는 인생이 항상 좋을 수만은 없다.

나는 가난한 환경 속에서 대학 생활을 보냈다. 그러다 보니 해마다 임대 아파트를 전전하며 살아야 했다. 우리는 자동차도 항상 중고차를 끌고 다녔다. 누가 구입해서 타다가 할부금을 전부 내지 못해서 반환된 그런 자동차였다. 나는 친한 친구라고는 단 한 번도 사귀어 본 적이 없었다. 내가 어디에 살고 있는지를 그 누구에게도 알리고 싶지 않았기 때문이다. 나는 늘 나 자신이 부끄러웠고, 스스로에게도 믿음을 가지지 못했다. 그렇다 보니 스스로에 대한 자부심도 약했으며, 늘 두려운 마음을 지니고 살았다. 그러나 나의 삶은 완전히 바뀌었다. 당신도 그렇게 될 수 있다. 내가 전하는 가르침대로만 따른다면 말이다. 나는 정말 운이 좋았다. 지금 내가 이렇게 변화된 모습으로 성공적인 삶을 살아갈 수 있는 것도 다 아주 특별한 분의 특별한 가르침 덕분이다.

자 그럼, '학생이 배울 준비가 다 되어 있다면, 가르침을 줄 선생이 나타날 것이다' 라는 말을 시작으로 들어가 보자. 내가 그분을 처음 만난 것은 내 나이 30대 초반의 일이었다. 그냥 그만그만한 직장에서 그럭저럭 일하며 살아가던 시절, 특별한 내용 없이 늘 단조로운 생활 속에서 살아가도록 운명지어진 것 같다는 생각마저 들던 시절이었다. 그런대로 괜찮은 봉급을 받긴 했지만, 어쨌든 한 달 한 달을 빡빡하게 살아야 했다. 그리고 하루 하루의 생활이 어떤 진전이나 변화 없이 늘 틀에 박힌 듯이 단조롭게 흘러 갔다. 바로 그러던 때에, 아주 영적이며 놀라운 능력을 지닌 아주 특별한 분을 만나게 되었다. 처음 만났을 때 나는 그분이 내게 그저 무술만을 가르쳐 줄 것이라 생각했다. 지금은 그분도 연세가 꽤 지긋해지셨는데, 그분의 프라이버시를 생각해서 그냥 간단하게 '위대한 스승' 이라고만 칭할까 한다.

그 위대한 스승은 동남아시아 무술의 달인이었다. 그분이 무술 시범 보이는 것을 바라보고 있노라면, 마치 사람으로 형상화된 시를 보는 것과 같은 기분이 들 정도였다. 그분은 활기가 넘쳤고, 몸짓과 동작이 유려했으며, 그러면서도 우아한 품위가 배어나는 달인이었다. 또한 그분은 순진한 매력을 지니고 있었으며, 우아하고 재미있고 인내심이 있으며, 그리고 친절한 분이었다. 스승의 가르침 아래 매주 진행되는 교육은 한마디로 혹독했으며 고통스러웠다. 그러나 그러면서도 큰 만족감을 느끼게 했다. 그러나 더욱 중요한 것은, 그렇게 끊임없는 가르침을 받으면서 스승에 대해서 새로운 사실을 발견하게 되었다는 것이다. 그는 무술의 영역을 뛰어넘는 그 이상의 어떤 것에 능한 인물이었다. 그는 몇 개의 사업체를 운영하고 있었으며, 마케팅에 있어서는 탁월한 전문가였고, 부동산에도 남다른 관심을 갖고 투자를 하고 있었으며, 영적 프로그램 운영은 물론 한 사람 한 사람의 자부심을 고양시키는 데 있어서도 탁월한 능력을 지니고 있는 유능한 전문가였다. 그는 자수성가한 억만장자였다. 결과적으로, 그는 나의 무술 사범인 동시에 재정 분야에 있어서도 멘토가 되었다.

지난 10여 년간, 스승은 삶을 개조하고 변화시키는 내용의 가르침을 내게 주었다. 그래서 그분의 가르침에 힘입어, 독자 여러분에게 각자의 삶을 육체적으로, 영적으로, 재정적으로, 정신적으로, 그리고 관계적으로 향상시키는 내 스승의 비결을 다음과 같이 몇 가지 소개하고자 한다.

비결 1 훌륭한 이는 삼각구도의 규율에 따라 살아간다

삶의 모든 영역은 세 가지가 동시에 동등하게 균형을 이루어야만 한다. 그 세 가지는 바로 영혼과 육체, 그리고 정신이다. 이 세 영역은 언제나 서로에게 끊임없이 자양분을 얻으며 육성되어야 한다. 이 비결은 재정적인 영역뿐만 아니라 무술 영역에도 그대로 적용된다. 이 가르침의 원리에 따라 살아간다면, 당신은 반드시 풍요로운 삶을 살아가게 될 것이다.

비결 2 훌륭한 이는 상상의 상대와 싸우는 법을 배운다

어떤 하나의 대상을 가시화하거나, 상상에 의해 당신이 지니고 있는 재능을 발전시키는 것이 바로 자신의 노력을 승리로 이끄는 열쇠이다. 스승은 보이지 않거나 상상 속에 있는 어떤 상대와 맞서 싸우는 데 많은 시간을 보냈다. 그리고 나도 똑같이 그렇게 해야 한다고 가르쳤다. 그는 또 내게 가르치기를, 미래에 나 자신이 어떻게 되기를 소망하는지, 그리고 내 가족이 어떻게 되기를 소망하는지를 가장 현실감 있게 그리고 구체적으로 매일같이 머릿속으로 상상해야 한다고 했다. 하나의 대상을 가시화하는 것은 상대와 싸우는 데 있어서 꼭 필요한 요소이다.

비결 3 훌륭한 이는 가장 기초적이고 근본적인 것에 초점을 맞춘다

돌파구를 마련하는 것이 중요한 게 아니다. 그리고 어떤 대상을 남다르게 잘 연기해 낸다고 해서 그것이 진정 잘한 연기가 아니다. 인생의 중요한 모든 영역에서, 당신은 가장 기본적인 요소에 집중해서 그것을 다스릴 줄 알아야 한다. 그래야 한 번에 한입으로 거대한 코끼리를 먹어 치울 수 있다.

위에서 일러 준 세 가지 비결이 바로 나의 스승이 내게 준 가르침이다. 특히 당신이 유념해 두어야 할 가장 중요한 부분은 바로 이것이다. 당신이 자신의 인생의 어느 지점에 와 있든 간에 당신은 그 스승의 가르침에 따라 바로 지금부터 그렇게 생활해 나가야겠다고 마음을 굳힐 수 있어야만 한다. 그렇게 할 때 비로소 당신은 지금 자신이 꿈꾸고 있는 그 거친 꿈을 타고 넘을 수가 있다.

활기 넘치는 삶, 이익을 창조해 내는 삶, 그리고 영원히 행복한 삶을 살게 되기를 축원한다.

13

잠 깨어 일어나라

: **존 피카드** John Picard
피카드앤컴퍼니 Picard & Company 의 대표이사, 뉴저지

일어나라

아침 6시 정각에 울리는 자명종은 꿈길에서 발길을 우회하라는 신호 표지판과도 같다.

당신의 삶을 다시 온전하게 만들어라

당신은 일이냐 삶이냐를 두고 선택할 필요가 없다. 당신은 그 두 가지를 모두 함께 이끌 수 있다. 그리고 당신은 남아 있는 인생의 태피스트리에다 자신의 활력적인 비즈니스를 짜 넣을 수 있다. 성공과 그 다음 단계로의

도약은 자신에게 주어진 목적과 사명에 집중할 때 찾아온다.

비즈니스는 사적이다

이따금씩 '비즈니스에 사적인 것은 없다' 는 얘기를 듣는다. 그러나 최첨단의 기술과 문화가 세상을 덮어도 사람과 사람 간의 사적인 인간관계는 무너뜨릴 수가 없다. 비즈니스는 다분히 사적인 관계의 토대에서 더욱 활발히 움직이기 때문이다. 물론, 비즈니스의 성격 자체는 공적일지 모르나 그것을 진행시켜 나가는 것은 사람이기에 사뭇 사적인 특성을 지니게 되는 것이다. 따라서 당신의 꿈을 둘러싼 여러 관계들을 공고히 할 필요가 있다.

내부 깊은 곳으로부터 기지개 켜기

우리는 저마다 자신이 정한 목적과 성공에 이르는 길을 걸어간다. 삶의 위기로부터, 혹은 누군가의 가르침을 통해, 혹은 각자에게 주어진 인생의 여정 중에, 그야말로 인생의 전환점이 될 만한 어떤 순간이나 시점을 만나게 된다. 그리고 자기가 서 있는 지점이 자신에게 해가 되지 않을 거라는 확신이 들 때가 있다. 그런 확신이 든다면 그대로 믿고 밀고 나가라. 그런 상황이라면 그 어떤 것도 당신의 발걸음을 멈추게 하진 못할 것이다.

진실 만들기

아버지는 강한 성격의 소유자였다. 언제나 소리 내어 크게 웃으셨다.

그리고 내게 요구하시기를, 내 노력의 결실이 나 스스로에게는 물론 내 역량에 비추어 봤을 때 진실성을 가져야 한다고 하셨다.

어허, 뭐라고?

내가 열두 살이었을 때의 일이다. 아버지로부터 아무런 말씀도 듣지 못하게 되는 상황이 왕왕 있다. 그러면 아버지는 이글거리는 내 두 눈을 감지하시고는, 당신의 두 눈을 한 번 찡긋하시면서 내 앞에 서신다. 그러고는 미소를 가까스로 참으면서 큰 소리로 말씀하신다.

"좀 더 귀 기울여 들어 봐……. 좀 더 귀 기울여 들어 보라고."

매일 귀 기울여 경청하라

아버지가 일러 주신 대로 해 본다. 그러고 나서 해답을 떠올린다. 진실된 경청은 행동이다. 그저 내가 말할 차례나 순번을 기다리는 순간이 아니라는 것이다. 나는 경청을 하면서 말의 밑바탕에 깔려 있는 의미, 그리고 말과 말 사이에 스며 있는 의미를 찾아낼 기회를 얻기 위해 모든 관계를 차분하게 관찰한다.

터치 포인트

나는 고객들의 성공을 위한 마케팅 커리어에 이 기술을 도입하였다. '관계 설계자'로서, 고객들이 '좀 더 귀 기울여 듣도록' 하여 그들 모두가 터치 포인트를 잘 운영할 수 있도록 도움을 주고 있다. 회사에서 가장 중

 당신의 에너지에 플러그를 꽂아라

요한 재산은 그들이 유지하고 있는 모든 관계이다. 마케팅에서 서비스에 이르기까지, 그것은 당신 자신과는 물론 타인들과의 공조 관계에서 대단히 중요한 파워를 지닌다. 그야말로, 최신 테크놀로지로부터 아주 간단한 악수를 나누는 것에 이르기까지, 관계라는 것은 비즈니스의 인간적인 측면에서 무척 중요한 부분을 차지한다.

모두 다 함께 관계 짜기

내게 있어 가장 탄탄한 성공의 기반은 매출 이익이나 매출의 성장이 아니라 사람과 사람 간의 인간적인 교류에 대한 나의 개별적인 투자에 있다. 최근 나는 지난 몇 년 동안 고객 파트너로 지냈던 한 경영인으로부터 다급한 전화를 받았다. 그는 병원 응급실에서 진료를 받고 나서 차를 몰고 귀가를 해야 하는 상황인데, 직접 차를 운전하기가 힘들다고 말했다. 그래서 부인에게 연락을 취하고 있는데 도무지 연결이 안 된다는 것이었다. 나는 곧바로 그가 있는 병원 응급실로 가서 그의 차로 그를 집까지 바래다주었다. 그와 같은 위급 상황에서 내게 전화를 건 것은 그만큼 그가 나를 신뢰한다는 메시지이다. 거기서 나는 깨달은 바가 있었다. 바로 그런 것이 우리가 살아가는 삶의 의미라는 것이다. 나는 바로 그 가치를 비즈니스에 적용하고 있는 것이다.

들리는가?

여러분은 지금 각자 자신의 길을 걸어가고 있다. 그 여정에서 자기가 각자 유지하고 있는 관계에서 흘러나오는 메시지에 귀를 기울여라. 그 메시지는 바로 당신이 잠에서 깨어날 수 있도록 신호를 울려 주는 자명종 소리이다. 이제 잠자리에서 일어날 시간이다. 잠 깨어 일어나 현실에서 현실의 꿈을 꾸어라!

14

가슴으로
살아라

: **주디스 무어** Judith Moore

〈뉴욕타임스〉 베스트셀러 작가
『마음으로부터의 치유 Healing from the Heart』의 저자
『미소 뒤에 Behind the Smile』의 공저자
의사, 통합의학발전재단 FAIM 창설자 및 대표, 런던

나는 발랄하고, 생동감 넘치며, 정열적이고, 뛰는 가슴을 지닌 빛처럼 밝은 여인이다. 실제로 나는 일상을 그렇게 살아가고 있다. 나는 나 자신을 누구보다도 잘 알고 있다. 그러나 과거에도 늘 그랬던 것은 아니다.

나는 착하고 말 잘 듣는 소녀가 되려고 노력하면서 성장해 나갔다. '꼭 해야 하는 것들'은 실천을 통해 그대로 따르고 싶었다. 해야만 하는 것, 하지 말아야 하는 것, 하나의 대상을 어떻게 바라봐야 하고 어떻게 바라봐서는 안 되는지, 어떻게 처신해야 하고 어떻게 처신해서는 안 되는지, 그리고 내가 함께 어울려야 할 사람들과 어울려서는 안 되는 사람들에 대한 분별력을 내 나름대로 열심히 발전시켜 나갔다. 나는 부모님, 가족, 친구들, 그리고 하나님 모두를 기쁘게 해 드리고 싶었다. 그래서 나는 한편으로 선은 무엇이고 악은 무엇인지를 가늠할 수 있도록 나름대로 분별력을 키워 나갔다. 그러면서 내가 하지 말아야 했는데 행했던 모든 것에 대해, 그리고 내가 해야만 하는 것임에도 불구하고 행하지 않았던 모든 것들에 대해 곰곰이 생각을 해 보았다. 그러고 보니, 나는 그야말로 나 자신이 온통 ‘무엇 무엇을 해야만 하는 사람’으로 점철된 존재라는 것을 알게 되었다. 그 결과, 나는 나 자신에 대해 강한 혐오는 물론 처절한 실패감마저 느끼게 되었다.

여섯 아이를 둔 엄마로서 나는, 나를 압도하며 집어삼키려는 넓디넓은 바닷물 속으로 빠져들고 있었다. 아무리 열심히 청소를 해도 집 안은 온통 늘 지저분한 난장판이었다. 그러면 그럴 때마다 나는 아이들을 닦달했고, 그러면 그럴수록 아이들은 또 반항적인 행동을 보였다. 그래서 아예 집 안에서 아이들에게 소리치는 것을 중단했다. 그러고 나니 이번엔 내 속이 부글부글 끓어오르게 되었고, 결국은 폭발하게 되었다. 그리고 다이어트를 해도, 얼마 안 가 곧바로 다시 닥치는 대로 먹어 대다 보니 또다시 몸무게가 늘어났다. 정말 아무것도 제대로 할 수 있는 게 없었다. 그러다 보니, 누구를 사랑할 줄도 모르고, 감사할 줄도 모르는 사람이 되어 가는 느낌이었다. 그렇게 ‘나약한’ 정서가 쌓여 가다 보니 이번엔 극심한 우울 증세가 나타났다. 그러자 그런 극심한 고통에 대한 반응이 이번엔 가족에게서 나

   당신의 에너지에 플러그를 꽂아라

타났다. 마침내 견디다 못한 남편이 내게서 떠날 궁리를 했던 것이다. 그
리고 아들은 가게에서 물건을 훔치다 주인에게 걸리는 일까지 벌어졌다.
착하기만 하던 귀여운 내 딸은 그동안 쌓였던 분노를 내게 전부 폭발시
켰다. 나는 정말 미칠 것만 같았다. 설상가상으로, 나머지 아이들마저도
자기 자신에 대한 통제력을 잃어 가는 것 같았다.

　그렇게 가다가는 정말 당장이라도 모든 것이 다 산산조각 날 것만 같다
는 생각이 들었다. 그래서 친구를 찾아가 간곡하게 부탁을 하였다. 큰 아
이들이 학교에 가 있는 동안 다른 어린아이들을 좀 돌봐 달라고 했다. 그
러고 나서 나는 침실 문을 걸어 잠그고, 하루 종일 방 안에 틀어박혀 소리
내어 펑펑 울었다. 그리고 하나님께 간절히 기도를 드렸다. 절망의 구렁
텅이로 끌어내린 그 무거운 짐과 굴레를 벗겨 달라고 말이다. 절체절명의
위기에 처한 내 고통이 그제야 내 마음을 열게 했으며, 누군가의 목소리에
귀를 기울일 수 있도록 한 것이다. 천천히 두 눈에서 눈물이 흘러내렸다.
하나님께서 내게 가르침을 주기 시작한 것이었다.

　내 가슴속 깊은 곳에 자리 잡고 있는 마음을 통해 나는 느낄 수 있었다.
그 전까지는 단 한 번도 생각해 보지 못했던 그 어떤 것에 대한 가르침을
하나님께서 내게 주신 것이다. 하나님께서는 내게 여러 가지 유형의 나약
함들을 주셨다고 일러 주셨다. 그리고 내게 주신 여러 나약함에는 그 나름
대로 각각의 목적이 있다는 것도 일러 주셨다. 하나님께서는 당신이 스스
로 내게 나약함을 내리시어 내가 최악의 상황을 겪도록 했기 때문에 그런
상황에서 내가 보인 모습에 대해서 크게 실망하지 않는다고 말씀하셨다.

내 나약함이 내게 가르쳐 준 것은 하나님의 사랑이 어떤 모습으로 나타나는지, 그리고 당신의 사랑에는 어떤 조건이나 기대 같은 것이 없다는 사실이었다. 하나님께서는 또 내게 가르침을 주시기를, 내가 지니고 있는 나약함에 대해 오히려 감사하는 마음을 가지고 앞으로는 나 자신을 먼저 사랑하는 계기를 스스로 만들어 나가야 하며, 그렇게 할 때 내게 존재하고 있는 그 나약함도 나를 바로 섬기게 될 것이라고 하셨다. 그래서 나는 내가 무엇인가를 하려고 할 때 자꾸만 그것을 못하도록 견제하는 '해야만 한다' 라는 모든 생각을 떨쳐 내고 내 마음속에서 전하는 메시지에 귀를 기울이고 그것을 믿으면서 살아가기로 하였다.

그러면서 나는 내 자아ego가 나 자신에게 말하는 그 모든 것을 행동으로 옮기려고 애쓰기보다는 나의 어떤 행동이 나 자신에게 최고의 선을 이루게 할 수 있는지를 내 안에 존재하고 있는 내 '마음' 에게 물었다. 그런 다음, 내 마음이 전하는 메시지를 받아들이면서 남편과의 관계를 어떻게 새로이 구축해야 하는지, 그리고 어떻게 하면 그를 다시 사랑하게 될 수 있는지를 터득하게 되었다. 또한 내 아이들이 바로 성장해 나가기 위해서 그들에게 진정 필요한 것이 무엇인지를 깨닫게 되었다. 그 아이들의 엄마로서의 내 목적은 특별히 다른 게 없었다. 그들을 사랑하고, 바로 가르치고, 그들에게 훌륭한 본보기가 되고, 나아가서는 나도 그들을 통해 삶을 배우자는 것이었다.

내 마음이 전하는 메시지에 따라 새롭게 살아가기 시작한 지 얼마 되지 않았을 때의 일이다. 나는 어느새 의대에 들어와 있는 나 자신을 발견하게

당신의 에너지에 플러그를 꽂아라

되었다. 마음 가는 대로 살아가다 보니 어느새 대체의학을 배우게 된 것이다. 그러면서 내가 경험하게 된 또 한 가지는, 각자 자신의 마음이 전하는 대로 살아가는 사람들이 자신의 삶과 건강에 책임을 질 줄 안다는 것과, 과거의 나와 비슷한 사람들 역시 나처럼 사고를 전환하면서 과거의 고통을 치유하고 그들 나름대로 즐겁고 행복한 삶을 살아가더라는 사실이다. 현재 나는 서양 의학과 대체의학을 접목한 의대를 구상하고 있는 중이다. 그러니까, 마음이 전하는 대로 살아가면서 자신을 사랑할 줄 아는 마음이 자신의 고통을 치유한다는 사실을 학생들에게 가르치는 바로 그런 학교 말이다.

하지만 그 어떤 것보다도 중요한 것은, 바로 나 자신이 내 마음에 충실해지면서 평화로운 삶과 기쁨의 삶을, 그리고 감사할 줄 아는 삶을 살아가고 있다는 것이다. '해야만 하는' 모든 것을 이루는 것보다 내가 어떤 '나여야' 한다는 것이 더욱 소중하다는 것을 깨닫게 된 것이다. 이제 나는 나 자신을 사랑하게 된 것이다.

삶의 균형을 찾아라

: **톰 테세로이** Tom Tessereau

힐링 아트 센터 Healing Arts Center 소유주 겸 이사, 미주리

과학은 삶에 대한 연구이다. 모든 과학은 불변의 원칙이나 법칙을 예측하고, 신뢰할 수 있는 삶에 방향을 두고 있다. 우리는 정신적으로나 영적으로나 성장해 나가면서 깨닫게 되는 것이 있다. 그것은 바로 인생이란 그 자체가 최고의 경험을 위해 살아간다는 것을 의미하는데, 거기엔 어떤 규칙이나 원칙이 있다는 것이다. 사랑하는 관계 속에도 원칙이 있고, 건강한 삶과 육체에도 원칙이 있으며, 심지어는 부와 행복에도 원칙이 있다. 누구든 이 간단한 원칙들을 이해한다면 자신의 삶 속에서 종종 접하게 되는 고통과 투쟁을 끝낼 수 있다. 이를테면, 그 이해는 각

당신의 에너지에 플러그를 꽂아라

자 자신의 진정한 목적을 터득해 나가는 여정에서 큰 도움이 될 수 있다는 것이다.

가장 간단한 규칙 중 하나는, 삶은 살아 있는 하나의 유기체라는 사실, 그리고 그 전체를 이루고 있는 하나하나의 구성체에 그것이 각각 영향을 미친다는 사실이다. 만일 어느 가정의 한 아이가 다른 형제들의 희생을 요구하게 된다면 그 가족은 그로 인해 모두 고통을 받게 될 것이다. 비즈니스에서도 마찬가지이다. 만일 한 부서가 누군가에게 무시를 당하게 된다면 그 부서를 포함한 전체 조직이 무너지게 될 것이다. 그래서 우리의 삶엔 반드시 균형이 필요하다! 일례로, 건강, 정서적 웰빙, 그리고 영적인 교류를 뒷전으로 생각하고 물질과 재물만을 추구한다면 누구든 언젠가는 큰 고통을 겪게 될 것이다. 세월이 흘러 인생 말년에 지나간 삶을 돌이켜 보면, 돈과 재물이 영원한 행복, 영원한 사랑, 그리고 건강을 누리는 데 하등의 도움이 되어 주지 못했다는 것을 깨닫게 될 것이다.

나아가, 영적인 수련만을 하고 비즈니스와 가족이 필요로 하는 현실적인 문제를 등한시한다면 그 또한 불균형의 삶을 살아가는 것이다. 마찬가지로, 지식과 학식을 쌓고 그것들을 이해하고 분석하는 능력을 갖춘 삶을 살아가고 있다고 해서 완전한 삶을 살아가고 있다고 판단하는 것도 꽤나 위험천만한 생각이다. 이런 이야기는 그야말로 이제는 고전적인 예가 되었지만, 분명한 것은 정신과 육체의 단절은 완전한 삶이 될 수 없다는 것이다. 또한 이해만 한다고 해서 기쁨이나 즐거움을 느끼게 되는 것은 아니다. 진정한 기쁨과 즐거움은 이상과 현실, 그리고 육체와 영혼 사이에 균형 잡힌 삶을 살아갈 때 비로소 찾아온다.

따라서 삶이 균형을 이루는 데 우리에게 부족한 부분이 어떤 것인지를 우선 인지하는 것이 무엇보다 중요하다. 방법은 간단하다. 스스로에게 조용히 이렇게 물어보면 된다.

"내게 한 가지 부족한 측면이 있다면 그게 뭘까? 육체, 정신, 감성, 아니면 영적인 측면?"

그런 다음 어느 한 측면이 부족하다는 것을 지각했다면, 그 다음엔 또 이렇게 자문해 보자. "그 부족한 부분을 발전시키기 위해서 내가 할 수 있는 것이 뭘까?"라고 말이다. 그러고 나서는 스스로가 내린 대답을 믿으면 된다. 아울러, 더욱더 견고한 삶의 균형을 이루기 위해 꾸준히 노력하면 된다. 스스로에게든 다른 사람에게든, 도움이나 안내를 요청하는 것에 대해 두려움은 갖지 마라. 만일 다른 사람들의 도움을 내친다면, 이는 당신이 다른 사람들에게 도움을 주었을 때 받을 수 있는 기쁨과 만족을 부인하는 것과 다름없다. 따라서 타인이 당신을 돕고자 한다면 흔쾌히 허락하라. 바로 그것이 실제적으로 당신이 다른 사람을 돕는 일이다.

종종 잘못 이해되고 있는 우주의 원칙 한 가지는 '주는 대로 받는다'는 말이다. 업보나 숙명의 사이클은 우리가 생각하고 있는 것보다 더 정확하며, 마치 씨앗을 심는 행위와도 같다. '뿌린 만큼 거두리라'는 말은 '땅에 파종한 것을 수확하게 된다'는 말로 해석될 수 있다. 그런데 이 말의 의미가 이따금씩 잘못 해석되고 있다. 이를테면, '내 배우자는 어째서 나를 사랑하고 존경하지 않는 것일까? 그래서 결국 나는 매일같이 연장 근무를

당신의 에너지에 플러그를 꽂아라

하여 돈을 더 벌어 집으로 가져가고 있다' 의 상황이 그 예이다. 물질적인 제공이나 부여는 정서적으로 사랑하고, 받아들이고, 훈육하는 것과는 차원이 다른 곡식이다. 우리는 사과 씨를 심어 놓고 체리나무가 돋아나기를 기대할 수는 없다. 다른 사람에게 무엇을 베풀었는지, 어떤 씨앗을 땅에 뿌렸는지를 보고 무엇을 돌려받을 수 있는지를 생각해야 한다. 그렇지 않으면, 자기 세계에 무엇이 결여되어 있는지와 자기가 다른 사람들에게 무엇을 베풀고 제공해 오고 있는지를 조사해 보라. 자기 인생에서 더 많은 사랑을 원한다면 더 많은 사랑을 베풀어야 한다. 그리고 재정적으로 더 많은 풍요를 원한다면 지금 가지고 있는 것을 다른 사람들과 나누고, 베풀고, 아낌없이 바쳐야 한다. 더 나은 풍요를 위해 다른 사람들을 돕는 것은 더욱더 풍요로운 삶을 불러오기 때문이다. 누군가에게 관대하고 너그러운 대접을 받고 싶다면 당신이 먼저 그렇게 하라. 이런 자세들로 하루하루를 살아간다면 당신은 자신의 삶과 경험에 대한 책임이 자신에게 있다는 것을 터득하게 될 것이며, 그것을 터득하고 있는 것 자체가 바로 당신의 진정한 능력이다.

인생의 여정에서 내딛는 모든 발걸음에 균형을 유지하라. 그리고 충분히 숨 쉬기를 하고, 자주 미소를 지으며, 깊이 사랑하고, 자신의 멋진 수확을 위한 씨앗을 파종해야 한다는 것을 언제나 유념하라!

16

액시덴털 비즈니스닷컴

: **레베카 파인** Rebecca Fine

서튼웨이 프로덕션 Certain Way Productions, Inc. 소유주, 워싱턴
1983년부터 월레스 D. 와틀즈 Wallace D. Wattles 의 저서
『부를 손에 넣는 단 하나의 법칙 The Science of Getting Rich 』의 원리를
토대로 성공적인 웹 비즈니스를 해 오고 있다.

1998년 봄, 한 번도 만난 적 없는 한 남자가 역시 한 번도 들어 본 적 없는 작은 책 한 권을 보내왔다. 1910년에 출간된 그 책은 거의 90년 전에 죽은 사람이 쓴 것이었다.

그런데 그 작은 책이 내 모든 인생을 바꿔 놓았다. 그 책에서 설명하고 있는 우주적이며 영적인 원리들을 몸소 실천으로 옮기기 시작하자 놀라운 결과들이 내게 나타나기 시작한 것이었다. 그 결과는 오늘날에 이르기까지, 아니 지금도 계속 이어져 나타나고 있다.

그러나 그 결과가 그저 나만의 번영에 그친 것은 아니었다. 그 다음에

당신의 에너지에 플러그를 꽂아라

어떤 일이 벌어졌는지 아는가? 하나의 연속적인 반응이 끊임없이 이어져 지금까지 145개국에 있는 수만 명에게 널리 확산된 것이다!

이 책을 읽기 전까지만 해도 나는 끔찍한 '중년의 위기' 라 할 수 있을 정도로 정신적으로 안정되지 못한 상황에 빠져 허우적거리고 있었다. 벌어들이는 수입과 그것에 대한 만족의 차원에서, 나는 내가 하고 있던 비즈니스는 이렇다 할 것도 없이 그저 그만그만할 뿐이라는 사고의 덫에 빠져 있었다. 나는 더 많은 것을 원했다. 그때는 정말 그랬다. 한마디로, 정신적인 측면에서 보면, 나는 그야말로 진흙탕에 빠져 있었던 것과 다름없었다. 내가 생각하고 추구하는 것도 모두 그런 맥락에서 나왔다고 할 수 있다. 그러다 보니, 눈에 보이는 웬만한 것들은 눈에 차지도 않았으며, 그런 대상들에 대해서는 아무런 기대감도 없었다.

바로 그즈음에 그 작은 책이 내게 도착했던 것이다. 내게 필요한 대답이 담긴 책이었다. 『부를 손에 넣는 단 하나의 법칙』을 읽으면서 새로이 터득한 원리들을 나름대로 탐구하고, 그 내용에 따라 생활하면서, 그리고 실제로 변화되는 결과를 체험하면서, 나는 그 원리들을 다른 사람들과 충분히 공유할 수 있겠다는 사실을 깨닫게 되었다. 나는 내게서 일어나는 현상에 흥분될 정도로 크게 고무되지 않을 수가 없었다. 그래서 나는 모든 사람들에게 이 조그마한 책을 한 번 읽어 보도록 권하고 싶었다.

나는 웹상의 한 전자잡지의 독자들을 떠올렸다. 그 전자잡지는 내가 2년 동안 출판해 오고 있던 것으로, 책을 직접 읽어 보고 온라인상에서 서로 토론을 할 수 있는 그런 공간이었다. 이곳에 와서 열심히 토론을 벌이는 사람들은 모두 나와 같은 비즈니스를 하며, 성공을 꿈꾸는 이들이었다. 그들 중 거의 750명이나 되는 사람들이 나와 함께 이 책을 읽는 데 동참하기로 했다. 모든 사람들이 그 책을 읽어야겠다는 필요성을 느꼈으며, 내가 그 책을 통해 변화되었듯이 다른 사람들 역시 그렇게 되기 위해 노력할 필요가 있었다. 그래서 나는 혹시라도 어느 출판사가 우리에게 그 책을 무상으로 제공해 줄 수 있을까 싶어 찾아보았지만 그건 쉽지가 않았다. 그래서 나는 그 책의 초판인 1910년 판본을 구해서 전자책e-book으로 만든 다음 그것을 이메일로 750명 모두에게 발송하였다. 내가 그렇게까지 했다는 것은 지금 생각해 봐도 언뜻 이해가 안 되는 일이다!

그런데 이상하게도 예상치 않은 일들이 일어나기 시작했다. 수많은 사람들로부터 이런 이야기를 듣게 된 것이다.

"이 책 너무 좋습니다. 그런데 매일 매일 그것을 읽을 시간이 없어요. 그래서 하는 얘긴데, 이 책 내용을 아무 때나 들을 수 있도록 만들면 좋겠는데, 그렇게 할 수 없을까요?"

나는 곧바로 한 녹음실을 찾아갔다. 그러니까 일이 점점 더 구체화되어가는 것이었다. 그렇게 되면서 점점 더 세계 각국의 많은 사람들이 이 책의 내용을 읽고 듣게 되었다. 그런 다음, 이 책을 접한 사람들의 질문이 시작되었다. 그리고 그로부터 1년 정도의 시간이 흐른 후, 나는 전화교실tele-class을 열었다. 그러자 그 사실을 접한 수백 명의 사람들이 곧바로 그 프로그램에 참여하겠다는 의사를 밝혀 왔다.

그러나 그 순간 떠오르는 생각이 있었다. 우리가 세계 각국의 수많은 사

당신의 에너지에 플러그를 꽂아라

람들에게 서비스를 하고자 한다지만, 전화교실은 극히 한정되어 있었다. 모든 사람들을 일일이 그들이 원하는 시간에 맞춘다는 것은 불가능한 일이었다. 인터넷의 파워가 어느 정도라는 것을 익히 알고 있었기 때문에 그동안 성공을 거듭해 온 내 교실을 온라인을 통해 국제적으로 상호 교류하는 공간으로 전환시키기로 결정을 해 놓고 있긴 했지만, 각각 나라도 다르고, 경제적 여건도 모두 다른 사람들에게 어떻게 이용료를 부가할 것인가 하는 문제가 대두된 것이다.

그에 대한 답은 그 다음 날 아침 명상 시간에 떠올랐다. 나는 그날 아침에 읽을 책을 집어 들었다. 1932년에 나온 찰스 필모어Charles Fillmore의 『번영Prosperity』이란 책이었다. 그의 논제에 따르면, 영성과 관련된 일은 그것이 어떤 것이든 그 나름대로 비용 지불 가치가 있다는 것이었다. 단, 거기엔 반드시 공정한 거래가 전제되어야 한다. 그러나 만일 부가적인 고정 가격이 없다면, 지불은 이를테면, 소위 '헌납a love offering' 베이스를 유지해야 한다는 것이다.

대박! 지망생들은 등록을 마치기 전이라도 첫 수업을 받을 수 있었다. 그러니까, 첫 수업을 들어 보고 진지하게 숙고한 다음 자기 자신에게 어울리는 수업을 결정하는 것이다. 바로 그것이었다!

그 프로젝트는 그렇게 시작되었다. 그렇게 시작된 것이 벌써 2년이 되었다. 세계 도처에서 수천 명의 사람들이 수업료를 지불해 오고 있다. 그 액수도 천차만별이다. 그들이 지불하는 액수는 단돈 2달러에서 1천 달러에 이르기까지 다양하다. 무엇보다도 나는 세계 도처의 다양한 환경 속에서 살아가고 있는 다양한 유형의 사람들을 알아 가고 있다는 사실이 그렇게 기쁠 수가 없다. 그리고 그들 각자가 전화교실 수업을 통해서 생각을 바꾸고, 기쁨을 발견하고, 그럼으로써 더 나은 삶을 위해 자신들의 삶을 전환해 나가는 모습들을 바라보는 것은 나에게는 정말 이루 형언할 수 없을 정도의 큰 기쁨이다.

가능하면 한 사람이라도 더 많은 사람들과 뭔가 멋진 것을 나눠야겠다는 소박한 바람으로 시작한 것이 예상을 뛰어넘어 완전한 만족을 제공함은 물론 적지 않은 수익까지 올리게 되는, 그야말로 '실제적인 비즈니스 *accidental business*' 로 변모, 발전하여, 이제는 145개국에서 자국의 수많은 사람들에게 서비스를 하는 관련 네트워크 웹사이트로까지 확대되는 상황에 이르렀다.

그런데 더 잘된 일은, 어떤 갑작스럽고 느닷없는 통찰이 아닌, 조용하고, 평화롭고, 기쁨이 충만한 가운데 나 스스로의 깨달음이 있었다는 것이다. 한마디로 내 삶의 목적을 발견하게 된 것이다. 새로운 방식으로 내 안의 인도를 따르고, 내가 좋아하는 일로 하루하루를 보내는 나 자신을 보노라면 지금도 소스라칠 정도로 번쩍 정신이 들곤 한다. 이제 나는 나만의 새로운 프로젝트를 다시 구상하고 있는 중이다. 그것도 물론 다른 사람들과 함께하는 일이 될 것이다. 새로운 웹사이트를 구축하게 될 것이고, 많은 사람들에게 잊힌 지혜들로 가득한 내용들을 묶어 출판도 할 것이고, 글도 쓸 것이고, 세계 각처의 수많은 사람들과 함께 영적인 것과 물질적인 것이 어떻게 이 우주 전체를 창조하고, 유지시키고, 생기를 불어넣고, 그

당신의 에너지에 플러그를 꽂아라

리고 그것을 통제하는 놀라는 힘을 지니고 있는가에 대한 '대화' 도 나누

게 될 것이다.

17

무일푼에서
벼락부자로

: **브리세이다 포슈 보게스** Vrisayda Porshu Boggess

최면치료사, 캘리포니아

전에는 보잘것없는 음식을 먹었지만 이제는 리츠칼튼에서 식사를 하고, 전에는 값싼 기성복을 입었지만 이제는 백화점에서만 판매하는 의복을 쇼핑한다. 내 인생의 여정이 어디서 출발해서 지금의 이곳에 이르게 되었는지를 그 누가 알 수 있겠는가? 최면요법은 지금 내가 걷고 있는 길이다. 사람들에게 힘과 능력을 불어넣어 주는 일은 내가 타고난 운명이다. 내가 하는 일을 사랑하는 이는 바로 나이다.

자신이 지금 하고 있는 일이 무엇이든지 간에 거기에서 진정한 의미와 목적을 발견하라. 자신이 어떤 사람이든 자신을 사랑하고, 자신이 하는

당신의 에너지에 플러그를 꽂아라

일을 사랑할 때 그 의미는 당신의 삶 속으로 들어오게 될 것이다. 그리고 당신 앞에 어떤 문제가 닥쳐오더라도, 그것을 자신이 더욱 성장할 수 있는 기회로 삼아라. 나는 나 자신을 더 나은 사람으로 거듭나게 하기 위해 스스로 변해야 할 필요가 있다는 것을 보여 주고자 하는 차원에서 내게 닥쳐오는 어떤 도전도 흔쾌히 받아들여야 한다는 것을 배웠다. 여러 해를 지내 오면서, 늘 인지하고 있었던 것은 아니지만, 그렇다고 해서 늘 좋아했던 것도 아니었지만, 나는 내가 어디로 가고 있는 것인가와 관련하여 나 자신을 이끄는 강한 파워를 느꼈다. 그리고 그것을 신뢰하게 되었다.

현재의 기준에 비춰 보면, 나는 무척이나 가난하다고 할 수 있는 집안에서 태어났다. 가족 모두에게 삶은 하나의 무거운 짐과도 같이 그리 호락호락하지 않았다. 아버지는 제강 공장에서 일하셨으며, 어머니는 일상에 꼭 필요한 간단한 영어를 우선 익힌 다음 어느 초등학교 카페테리아에서 허드렛일자리를 하나 구하셨다. 어머니의 일자리는 그런대로 괜찮은 것 같았다. 일을 끝내고 오실 때 이따금씩 카페테리아에서 팔다 남은 음식을 싸 가지고 오셨는데, 그러면 우리는 그것을 맛있게 먹곤 했다. 당시 내가 주로 입는 옷이라곤 싸게 파는 옷이거나 집에서 어머니께서 손수 만들어 주신 것이 대부분이었다. 경제적으로 넉넉한 살림은 아니었지만 부모님은 늘 우리 형제들에게 살아가는 데 있어서 어떤 것에 소중한 가치를 둬야 하는지에 대한 가르침을 주셨으며, 그 외에도 도덕과 윤리에 대해서는 물론이고, 언제나 다른 사람을 측은히 여길 줄 알아야 한다는 가르침도 주셨다. 그러다 보니, 우리는 자연스레 사랑과 믿음에 대한 강한 의지를 다지며 성장할 수 있었다. 분명히 말할 수 있는 것은, 당시의 가르침이 성장해 가는 우리 형제들에게 올바른 삶을 위한 초석이 되었다는 사실이다.

어느덧 나도 성인이 되어 일자리를 구할 때가 되었다. 나는 어떤 형태로든 다른 사람들에게 도움이 될 수 있는 일자리를 얻고 싶었다. 그래서 치과 보조원이 되어 다른 사람들을 돕는 내 인생의 첫 여정을 시작하였다. 그러나 얼마 후 그 일이 좀 공허하다는 느낌이 들었다. 그래서 그 다음으로 택한 것이 파트타임 모델이었다. 화장을 하고 멋진 옷을 입는 것이 무척 맘에 들었다.

1977년, 그 모델 일은 결국 나를 미용학교로 이끌었다. 나는 거기서 공부를 하여 캘리포니아에서 최초로 공인 미용사 자격증을 따게 되었다. 정말 운 좋게도 내가 하고 싶은 일을 하게 된 것이다. 어디 그뿐인가. 나는 사람들이 전문 미용사가 무엇인지를 모르던 그 시절에 그 일로 돈까지 벌게 되었다. 나는 미용사 자격증을 딴 그날부터 사업을 시작했다. '어바웃 페이스 스킨케어' 라는 이름으로 클리닉을 연 것이다. 내 클리닉은 오렌지 카운티를 통틀어 존재하는 단 하나의 미용 클리닉이었다. 당시의 업체 정보 목록을 보면 어디에도 내가 하는 영역의 사업을 하는 곳은 없었다. 내가 연 클리닉 센터는 한 쇼핑센터 안에 위치해 있었는데, 그곳 사람들은 모두 하나같이 내가 곧 실패해서 그 분야에서 사업을 거덜 낸 1호가 될 것이라고들 수군거렸다. 실패는 내가 그린 그림이 아니었다. 삶에 있어서의 내 자세는 내가 하고 있는 일이나 대상에 대한 믿음이었으며, 성공에 대한 기대였다. 누구나 믿고 바라면 그것을 성취할 수밖에 없지 않겠는가?

 당신의 에너지에 플러그를 꽂아라

나는 성공에 이르는 몇 개의 또 다른 열쇠를 가지고 있다. 이미 나는 열심히 일하는 방법을 터득하고 있었던 것이다. 그리고 사람들 역시 내가 성실하고 정직하게 일한다는 것을 이미 알고 있었다. 그래서 내 사업은 큰 성공을 이룰 수 있었다. 진실로 내 고객들과 함께 일하는 것이 나는 즐겁기만 하다. 사람들은 나의 고객 관리 방식에 대해서, 그리고 거의 30년 동안 내가 고객들에게 베푼 성과물에 대해서 입에 침이 마르도록 얘기하곤 한다.

사업을 하면서 또 다른 한편으로 내가 끊임없이 연구한 것이 있었다. 그 결과, 나는 기氣를 다스리며 치료를 해 주는 영기靈氣 요법을 이용한 치료사가 되었다. 내 고객들은 얼굴 미용 서비스를 받으면서 어깨 마사지를 동시에 서비스 받았는데, 바로 그 시간이 자기들에게는 한 달간의 피로를 푸는 가장 편안한 시간으로 여겨진다는 말까지 할 정도였다. 그러면서 내가 해 주는 서비스가 너무나도 마음에 든다고 이구동성으로 말했다. 그야말로 모든 것이 다 잘 돌아가는 것 같다. 내가 좋아하는 일을 하면서 많은 돈까지 벌고 있으니 어찌 행복하지 않겠는가. 하나님과 이 우주가 아무래도 내게 큰 은총을 내리고 있는 것이 아닌가 하는 생각이 든다. 우주는 이미 당신에게 기회를 제공하고 있다. 그러니 이제 당신은 그 사실을 인지하고 자신이 염두에 두고 있는 아이디어를 행동으로 옮겨야만 한다. 미용 서비스를 좋아했던 만큼 나는 고객들을 위해 그 이상의 일을 해야만 한다는 사실을 잘 알고 있었다. 사실, 세상을 살아가다 보면 스트레스 받을 일들이 적지 않다. 그리고 거기엔 그만한 나름대로의 이유와 배경이 있게 마련이다. 지금까지 세상을 살아오면서 그런 얘긴 정말 많이 들은 것 같다. 물론 지금도 그런 얘기는 계속 듣고 있다. 물론 나 자신도 그로부터 자유롭다고 는 할 수 없다. 아무리 내가 좋아하는 일을 한다고는 하지만 왜 힘들고 어 려운 일, 스트레스 받는 일이 없겠는가. 그러나 내가 진정 원했던 것은 깊 은 마음으로, 진정한 마음으로, 나 아닌 다른 사람을 돕는 것이며, 그를 통 해 진정으로 나만을 차별화하고 싶었다. 그래서 내 인생은, 내 인생의 여 정은 그렇게 진행되어 왔던 것이다.

어느 날 나는 캘리포니아 얼바인에 있는 '미 최면요법 연구원American Institute of Hypnotherapy'의 도린 버추 박사Dr. Doreen Virtue가 주관하는 워크숍 에 초대를 받은 적이 있었다. 영적인 부분에 대한 카운슬러 자격이 주어진 사람들만이 참가하는 그런 자리였다. 거기서 나는 최면요법사의 입장에 서 문학을 바라보게 되는 계기를 갖게 되었다. 그리고 그것이 바로 운명적 으로 내가 앞으로 해야 할 일이라는 것을 곧바로 깨닫게 되었다. 30년 전 에 나는 최면에 관한 책들을 꽤나 읽었다. 그리고 내 발로 최면요법사를 찾아가기도 했었다. 그런데 그때 나는 무엇인가가 나를 끌어당기는 강한 느낌을 받았었다. 당시의 상황에 대해서 뭐라고 딱히 설명할 수는 없지만 거기엔 내가 뭔가를 해야 할 필요가 있다는 어떤 느낌을 받았다. 당신에게 뭔가를 해야 할 필요가 있다는 느낌이 온다면, 그래서 당신의 가슴속 깊 이 그 느낌을 자리 잡게 하길 원한다면, 그때엔 우리를 둘러싸고 있는 이 우주가 당신을 도울 것이다. 바로 여기에 우리의 신념이 자리하게 되는 것이다. 그것은 한 차원 더 높은 어떤 힘을 통해 오기도 하지만 당신의 내

  당신의 에너지에 플러그를 꽂아라

부에서 자발적으로 발생하기도 한다. 당신의 삶에서 나타나는 동시성은 하나의 목적을 지니고서 그것을 지향한다는 것을 명심하라.

지금까지 나는 7년 동안 최면요법 분야에서 활발한 활동을 해 오고 있다. 현재 나는 임상 최면요법 분야의 박사 후보생으로서, 마인드 파워를 통해 자신의 삶을 변화시킴으로써 스스로를 돕고자 하는 사람들을 도와 오고 있다. 사실, 내가 임상 최면요법과 의학 최면요법 분야의 의사가 되리라고는 한 번도 상상해 본 적이 없었다. 그게 아니라면 내 마음속 저 깊은 곳에서는 처음부터 그것을 알고 있었을까?

하나님과 이 우주, 그리고 내 무의식적 마인드의 힘이 나를 시종 이끌어 왔다는 생각이 든다. 내 삶에 목적이 있듯, 당신의 삶에도 목적이 있다. 당신의 내부를 살펴보라. 그러면 그 안에서 당신은 자신의 목적을 발견하게 될 것이다. 이미 당신 안에 존재하고 있는 그 목적을 말이다.

비극 밖으로
나온 목적

로버트 파월 Robert Powell

의사, 영국

이야기의 시작은 내 동반자인 캐롤라인이 암 선고를 받던 2년 전으로 거슬러 올라간다. 그야말로 캐롤라인이 암 선고를 받는 그 순간, 우리의 삶의 방향은 완전히 뒤바뀌었다. 단순히 위와 아래만 바뀐 것이 아니었다. 앞과 뒤가 바뀌었고, 안과 밖도 바뀌었다. 인생이란 것은 결코 똑같이 다시 재현되지는 않는 것 같다.

육체적으로나 정신적으로나, 캐롤라인의 고난과 시련은 실로 이루 헤아릴 수 없을 정도로 막대했다. 그녀는 한 번의 수술 후에 생긴 MRSA(메티실린 내성 황색 포도구균—역자 주) 패혈증으로 거의 다 죽어 가는 상황에서

당신의 에너지에 플러그를 꽂아라

암세포 조직을 제거하기 위해서 무려 세 번이나 더 수술을 받아야 했다. 여섯 차례의 화학 요법, 7주간의 방사선 치료, 그리고 암세포 조직을 없애기 위한 24시간 동안의 빔 투사 치료로 암 치료는 마무리되었다. 여러분 중 누구도 자신이 그런 고난을 겪게 되리라고곤 쉽사리 예상하지 못할 것이다.

상황이 그렇게 급박하게 돌아갈 시점, 아이러니하게도 나는 지방의 한 공립병원에서 산과학産科學, Obstetrics과 부인과의학婦人科醫學, Gynecology 분야의 일반 개업의가 되기 위해 6개월씩 돌아 가며 진행되고 있는 수련의 과정에 있었다. 그래서 나는 평소에 수많은 여성들이 이 세상에 새 생명을 가져오는 것을 봐 왔으며, 그와 동시에 캐롤라인의 경우처럼 삶의 불씨가 꺼져 가는 여성들도 봐 왔다. 어쨌든 나는 내게 닥친 일련의 상황들을 받아들이고 이해해야만 했다. 내가 가장 아끼고 사랑하는 사람이 사경을 헤매며 생사의 갈림길에서 사투를 벌이고 있는 것까지도 말이다. 의사이면서도 그녀에게 아무런 도움이 되어 줄 수 없다는 사실에 나는 처절한 무기력감을 느낄 수밖에 없었다.

당신도 느끼겠지만, 암이나 그 밖의 심각한 질병, 혹은 어떤 심각한 사안에는 자신의 인생 목적을 재고하도록 하는 강한 힘이 존재하고 있는 것 같다. 그래서 스스로에게 아주 중요한 질문을 던지게 만드는 것 같다. 이를테면 "나는 왜 여기에 있는 것인가?", "궁극적으로 무엇을, 그리고 누구를 위한 것인가?" 등등의 질문을 말이다. 당신도 스스로에게 이런 질문을 한번 던져 보라. 분명 삶을 바라보는 관점이 크게 달라지지 않을까 하는 생각이 든다. 아마도 당신은 사랑과 건강, 그리고 그 어떤 물질적인 사고의 단계를 뛰어넘는 행복을 더욱 가치 있게 생각하게 될 것이다.

나는 내가 가장 잘 알고 있는 것에 호소하였다. 해당 주제와 관련 있는 의학 서적이나 잡지 등으로의 접근을 통해서 말이다. 어디 그뿐이겠는가. 인터넷에 들어가 관련 있는 웹사이트란 웹사이트는 모조리 뒤져서 믿을 만한 관련 정보를 모두 수집했다. 그야말로 그녀가 소생할 수 있는 기회를 잡는 데 보탬이 될 만한 정보다 싶으면 설사 그것이 하찮은 가십처럼 보일지라도 물에 빠진 사람 지푸라기 잡는 심정으로 한 줄기 소망의 빛을 찾고 또 찾았다. 그즈음에 나는 자기계발서를 읽고 그 내용을 CD에 담은 오디오북에도 열심히 귀를 기울였다. 그중에서도 디팩 초프라와 빌 해리스Bill Harris가 쓴 책은 더욱 관심을 가지고 읽었다. 궁극적으로 책 속에 담긴 그들의 메시지는 내 인생에서 벌어지고 있는 현실을 이해하고 받아들이는 데 아주 큰 도움이 되었다. 너무나도 큰 도움이 되었다.

행동하고, 결정하고, 그리고 각자 나름대로의 인생 목표를 향해 나아가는 데 있어서, 우리 모두가 즐겨 읽는 자기계발서들이 큰 도움이 되고 있다는 사실을 나는 알고 있다. 물론 그 책 속에 담긴 내용대로 우리가 실행에 옮기는 것은 쉬운 일이 아니다. 글이나 말로 표현되는 것이 행동으로 직접 옮겨지는 것보다는 훨씬 쉬운 일이니까. 그러나 그 내용이 전하는 메시지나 우리 스스로가 갖는 신념을 우리의 뇌리 속에 직접 각인시키지 않고서는 우리 자신의 몸속에 있는 근육을 움직여 행동으로 옮길 수 있는 방법은 결코 없다. 결국 변화를 하거나 꿈을 실현하기 위해서 우리는 우리의

     당신의 에너지에 플러그를 꽂아라

뇌 속에 명령을 내리게 하는 신념의 메시지를 반듯하게 새겨야 한다는 것이다. 따라서 자신의 인생의 질에 차별화를 가져오기 위해서는 믿음을 정립하고, 그것을 기반으로 자신의 목적을 발견하고, 그런 연후에 행동을 통해 실행에 옮겨야 한다.

나는 캐롤라인이 건강을 완전히 회복했다는 사실과, 그녀가 병을 앓기 전보다 더 건강해지고, 더 아름다워졌다는 이야기를 이렇게 글로 쓸 수 있게 된 것을 무엇보다도 기쁘게 생각한다. 더구나 그녀는 최근에 새로운 사업의 경영을 성공적으로 떠맡았다. 어디 그뿐인가. 우리 두 사람이 함께 지내 온 경험에다, 캐롤라인의 용기를 통해서 내가 얻은 영감의 결과를 합하여, 나는 2004년 9월에 '사람들의 건강 서비스people's health service' 라 불리는 새로운 브랜드의 건강 서비스 센터를 영국에 설립하였으며, 그를 통해 내 인생의 목적을 착실히 달성해 가고 있는 중이다. 내게 주어진 사명이나 비전은 사람들에게 그들 자신의 마음과 몸과 영혼을 보다 더 잘 관리할 수 있는 능력을 부여함으로써 그들의 건강에 어떤 차별성을 갖도록 하는 데 도움이 되어 주는 것이다. 아울러, 여러 지역의 공동체에 건강관리 시설을 설립하는 데 필요한 수입을 창출하는 것이다. 당신은 앞으로 그 건강관리 시설을 '로빈후드' 건강 서비스라고 불러도 좋다.

완쾌를 장담할 수 없는 암, 혹은 그 외에 우리의 생명을 위협할 만한 또 다른 어떤 질병이나 사고와 싸울 때, 우리는 정신적으로 크게 흔들릴 수 있다. 특히, 어려운 여건이나 환경을 극복하고자 하는 의지와 행동이 없다면 더욱 그렇다. 우리의 질병 치유를 성공적으로 이끌기 위한 열쇠 중

하나는 마음과 몸과 영혼의 불균형을 바로잡고자 하는 적극적인 노력이
다. 또한 어떻게 해서라도 자신의 건강을 되찾겠다는 적극적인 자세이다.
수동적인 의지나 자세로는 그 불균형을 바로잡기 어렵다. 이제는 당신 내
부의 한쪽 구석에 웅크리고 있는 질병을 찾아내라. 그리고 당신의 마음에
대해 연구하라. 그리고 육체적으로나 정서적으로나 건강하고 행복해질
수 있도록 당신이 찾아내고 연구한 부분에 대해 집중하라.

당신의 에너지에 플러그를 꽂아라

19

당신이 원하는 모든 것은 두려움의 이면에 있다!

: **앨리스 휘튼** Alice Wheaton

동기부여가, 저자

그다지 덥지 않은 8월의 밤이었다. 병원 응급실로 출근하는 길이었다. 나는 6년 동안 간호사로 일해 오고 있었다. 그즈음에 자주 그런 일이 있었지만, 그날은 유독 또 다른 어떤 삶이 나를 부르는 듯한 강한 느낌을 받았다. 나만의 침묵의 명상은 교통사고 희생자들을 실은 구급차가 급히 도착하면서 한쪽으로 밀려났다. 내가 돌보게 된 환자는 부상 정도가 그다지 심하지 않은 미인 여성이었다. 우아하고 세련된 스타일의 그녀는 요트 클럽에서 여는 파티에 참석하러 가는 중이었다고 했다. 나는 무의식적으로 우아하고 세련된 그녀의 자태에 이끌려 그녀에게 무슨 일을 하느냐고 물었다. 그녀는 벨 옐로우 페이지Bell Yellow Pages에서 세일즈 일을 하고 있다고 했다. 나는 그때까지 단 한 번도 세일즈를 직업으로 생각해 본 적이 없었지만 왠지 모르게 그날따라 그녀의 그 말이 그렇게 낯설게 다가오지 않았다. 지금 생각해 봐도 내가 어떻게 그런 이야기를 그렇게 서슴없이 큰 소리로 물었는지 모르겠다.

"나 같은 사람도 그런 일을 할 수 있을까요?"

그때 그녀의 단 몇 마디의 말이 내 삶을 영원히 바꿔 놓게 되었다.

"스트레스만 제대로 다스릴 수 있다면 한번 도전해 보세요. 그럼 훌륭한 세일즈우먼이 되실 수 있을 거예요. 제록스Xerox에 가서서 거기 있는 사람들에게 제 남편의 이름을 대세요. 제 남편이 거기서 세일즈 매니저로 근무하고 있거든요. 그러면 제 남편을 생각해서라도 아마 면접을 보자고 할 거예요. 하지만 그들이 당신을 고용하진 않을 겁니다. 당신이 여자이기 때문이지요. 왜냐하면 그 회사는 여태껏 세일즈 분야에 여성을 채용한 적이 없었거든요. 그렇긴 하지만, 일단 면접을 보시면 당신에게도 나쁘진 않을 거예요. 꼭 거기가 아니더라도 제가 지금 일하고 있는 곳을 포함한 그밖의 여러 회사에서 일자리를 구할 때 그곳에서의 면접이 큰 도움이 될 테니까요."

그래서 나는 다음 날 곧바로 토론토에 있는 제록스 캐나다를 찾아갔다. 그리고 구직을 청했다. 무려 일곱 번의 면접과 나의 끈질긴 요청에 힘입어, 나는 마침내 일자리를 얻어 내고야 말았다. 내가 일하게 된 부서는 두말할 나위도 없고, 제록스 캐나다 지사 전체로 보더라도 여성의 입사로는

내가 처음이었다. 나의 새로운 커리어는 그렇게 시작되었다. 나와 세일
즈와의 연정이 시작된 것이다. 나는 처음부터 세일즈 성과를 인정받아
공로패를 받는 등 해당 부서에서 두각을 나타내기 시작했다. 그리고 지
금으로부터 거의 30년 전에 세일즈 트레이닝과 컨설팅을 전문으로 하는
내 개인 소유의 회사 대표가 되기까지 나는 꾸준히 만족스런 성과를 일
구어 냈다.

　제록스에서의 근무 첫날, 나는 나 자신이 본 리그의 영역 밖에 있다는
것을 깨달았다. 이전까지 내가 받았던 교육과 근무 경력은 세일즈 활동에
는 아무런 도움이 되지 못했다. 여성들하고만 일하던 곳에서 남성들하고
만 일하는 곳으로 간 것만 보더라도 그랬다. 그야말로 나는 그 환경 속에
서 다른 사람들에게 뭔가를 입증해 보여야만 했다. 두려움, 의심, 불안정
등은 나의 끊임없는 동반자들이었기 때문에, 나는 그것들을 내치지 않고
그냥 감싸 안기로 마음먹었다. 그리고 성공하는 데 있어서 필요한 행동을
취하기로 결심하였다. 그러고 나서 나는 미리 염두에 둔 생각대로 하나하
나의 과정을 차근차근 전개해 나갔다. 그러자 그동안 껄끄러운 동반자로
함께해 왔던 두려움이 용기와 열정, 그리고 행동으로 전환되는 것이 아니
겠는가.

　공포에 대한 두려움을 대수롭지 않은 것으로 여기며 그것을 무시했더
니 오히려 그것이 내게 큰 용기가 되었으며, 그 용기는 내 열정이 화려한
꽃을 피울 수 있도록 토양의 자양분 역할을 하게 되었다는 사실을 나는 깨
닫게 되었다. 또한 열정 없이는 영감을 받거나 그 어떤 것에 고취되는 일

은 물론, 내 안에 간직하고 있는 의지를 표면으로 끌어올려 그것을 새로운 능력으로 발전시킬 수가 없다는 사실을 새삼 터득하게 되었다. 그뿐만이 아니다. 열정이 없이는 아무런 행동도 취할 수가 없으며, 성공의 길을 장구히 이어 갈 수도 없다는 것을 알게 되었다. 지난 15년간 내겐 사명이 있었다. 그것이 내게는 영광이기도 했다. 지난 세월 동안 느끼고 터득한 사실과 내 나름의 성공을 이루기까지의 과정을 다른 사람들에게 가르치는 것이 바로 내게 주어진 사명이자 영광이었던 것이다.

만일 당신이 두려움이나 의심, 혹은 불안감으로부터 벗어나게 된다면 어떻게 될까?

내가 아는 수천 명의 세일즈맨이나 정상에 오른 유명 행동가들과의 교류를 통해서 얻어 낸 경험을 놓고 볼 때, 누군가로부터의 거부에 대한 두려움, 실패에 대한 두려움, 그리고 자신 스스로의 성장에 대한 두려움을 오히려 다른 발전적인 요소로 전환하는 것이 성공에 이르는 과정에서 대단히 중요하다는 것이 이미 입증되고 있다. 모든 꿈을 실현하다 보면 자연 거기엔 위험이 따르게 마련이다. 그런데 바로 그 위험이 공포나 두려움과 연관되어 있는 것이다. 그래서 내가 최종적으로 얻어 낸 결론은 두려움이나 공포를 용기로 전환하면, 그것이 꿈이든 계획이든 그것을 보다 용이하게, 그리고 보다 순조롭게 추진해 나갈 수 있는 향상된 능력을 얻게 된다는 것이다.

병원 응급실에서의 생활을 정리하고, 그리고 그로부터 30년이 흐른 지금, 나는 두 번째 저서인 『자신에게 ‘아니요’ 라고 말하라! 뒤죽박죽 세일

   당신의 에너지에 플러그를 꽂아라

즈의 진정한 파워 Say No to me! The True Power of Upside-Down selling!』라는 책을 낼 준비를 하고 있다. 나는 이 책을 통해서 내 삶을 송두리째 바꿔 놓은 그 여인을 알리고 싶었다. 나는 지금도 그 여인의 이름을 기억하고 있다. 앞에서도 언급했다시피, 내가 그녀를 처음 만난 건 그녀가 어느 요트 클럽에서 마련한 파티에 가는 길이었지 않았던가. 그래서 나는 혹시나 하는 마음에 온타리오 주를 전부 뒤져 요트 클럽을 찾아냈다. 그런 다음 일일이 거기에 전화를 걸었고, 그중 한 클럽에서 그 여인이 아직도 회원으로 있다는 사실을 알아냈다.

우선 나는 전화를 걸어 그녀에게 감사의 뜻을 전했다. 그런데 그녀는 날 기억해 내지 못했다. 그분에게 나는 그런 말을 했다. 아주 단순한 친절과 격려의 말이라도 때에 따라서는 그것이 우리의 상상을 뛰어넘는 큰 위력을 발휘할 수 있다고 말이다. 아주 잠깐 동안의 만남이었지만 그녀는 진실로 내게 큰 것을 주었다. 그러고 보면 우리가 원하는 모든 것은 공포나 두려움의 이면에 있다는 생각이 든다. 만일 당신에게 지금 더 많은 용기가 필요하다면 어떻게 하겠는가? 지금은 아니라고? 그럼, 도대체 언제?

전환의 한순간

: **제롤드 H. 나와키** Jerrold H. Nowacki
행동발달장애로 학교 교육을 제대로 받지 못했으나,
세일즈맨으로서, 기업인으로서 성공을 이루었다.
현재 세일즈 트레이닝, 코칭, 자기계발 등의 분야와 관련된
4개 회사를 설립해 성공적으로 이끌고 있다.

내가 확실히 알고 있는 것 중 한 가지는, 인생의 전환이 늘 상식적인 맥락에서만 이루어지는 것은 아니라는 사실이다. 하지만 수많은 경험의 끈들은 씨줄과 날줄처럼 서로 엮이면서 우리의 인생을 한 폭의 천처럼 직조해 나간다. 모든 인간의 가슴속에는 살아서 숨 쉬는 어떤 신의 섭리와도 같이, 알 수 없는 수수께끼와도 같은 힘들이 존재한다. 우리가 자신의 신념이나 정신적 · 감성적 에너지들을 강화하게 되면, 우리가 지닌 믿음과 신뢰의 질은 영적 목적을 형성하면서, 그리고 인생의 운명을 정렬시키면서 하나의 새로운 것을 창조해 낸다.

당신의 에너지에 플러그를 꽂아라

어느 날 아침이었다. 나는 뭐라고 형언하기 어려운, 알 수 없는 이상한 기분을 느끼며 잠에서 깨어났다. 육체적으로 몸 어디가 아픈 것은 아니었고, 왠지 정서적으로 어딘가 팽팽한 긴장감이 감돌고 있는 듯한 기분이었다. 마치 어떤 불길한 예감이 차고 메마른 바람처럼 내 온몸을 죽 훑고 지나가는 그런 기분이었다. 예상치 않은 어떤 일이 곧 벌어질 것 같다는 생각을 떨쳐 버릴 수가 없었다. 나는 한쪽 생각 끝에서 끊임없이 감도는 느낌을 어렵사리 억누르고 긍정적인 이미지를 머릿속으로 형상화해 내면서 내 나름대로의 하루를 차분하게 전개해 나갔다.

직장에서의 하루는 평상시와 크게 다른 것 없이 평범하게 흘러갔다. 나는 업무를 마무리하고 차를 몰았다. 그런데 느닷없이 머릿속에 친구 하워드의 이미지가 자꾸만 맴도는 것이었다. 떨쳐 낼 수가 없었다. 하워드는 내게는 물론이고 나와 함께 일하는 세일즈 팀의 모든 구성원들에게도 언제나 큰 영감을 불어넣어 주는 훌륭한 친구였다.

하워드는 최근에 내가 일하고 있는 '레이크 애로우헤드 캘리포니아 Lake Arrowhead California' 에서 세일즈 경영 지원을 의뢰받은 상황이었다. 그는 모든 사람들이 다 아는 능력 있는 친구였다. 스마일 페이스 버튼을 고안해 낸 사람이 바로 그 친구였으니까. 하워드는 아주 역동적인 친구였다. 정말 전설적인 친구이며, 진정 다른 사람에게 뭔가를 베풀 줄 아는 친구였다.

아파트에 도착하자마자 나는 곧바로 현관문을 열었다. 그리고 그와 동시에 전화벨이 울렸다. 그때 불현듯 알 수 없는 불안감이 갑자기 내게 또 다시 엄습해 오는 것이었다. 그런데 이상하게도 그 불안감에 슬픔이 더해지는 그런 느낌이 내 전신을 훑어 내려갔다. 전화를 건 사람은 리조트에서 함께 일하는 동료였다. 하워드가 갑작스럽게 심장마비를 일으켜 로스앤젤레스에 있는 병원으로 급히 이송되었다는 내용의 전화였다. 그리고 그로부터 이틀 후, 하워드는 심장마비로 인한 합병증으로 세상을 떠나고 말았다.

나는 충격에 빠지지 않을 수가 없었다. 정말 모든 상황이 믿기지 않았다. 그런데 그와 동시에 나는 하워드가 떠나지 않고 함께 있다는 기분을 느낄 수가 있었다. 나는 내 안에서 큰 소리로 또박또박 말하는 그의 음성을 들었다.

"제리, 지금의 위치는 일시적이라는 걸 명심해 둬. 궁극적으로 너는 리더가 될 거야. 넌 높은 산도 여럿 옮기고 다시 만들어 낼 수 있는 힘을 네 안에 지니고 있어. 너는 곧 그 힘을 스스로 인지하게 될 거야. 그리고 넌 다른 사람들에게 힘을 주기 위해 네가 가진 그 힘을 다시 한 번 사용하게 될 거야."

그의 말은 무엇을 의미하는 것이었을까? 하워드가 세상을 떠난 지 며칠 후, 리조트 매니저가 나를 자기 사무실로 불렀다. 그러고는 하워드가 맡았던 일을 계속 이어 나갈 의향이 있느냐고 물었다.

'하워드를 대체할 수는 없어.'

그때 즉각적으로 떠오른 생각이었다. 그 친구는 '모든 사람들에게' 미스터 카리스마로 통했다. 나의 경력이라곤 세일즈 트레이닝과 세일즈 매니지먼트, 그리고 대중 연설을 해 온 것이 전부였다. 그런데 하워드를 내가 대신할 수 있을까? 나는 당장에 어떤 확답을 내놓기가 어려웠다. 그래서 그 제안에 대해 좀 더 생각해 볼 수 있도록 며칠간의 말미를 달라고 리조트 매니저에게 말했다. 그러고 나서 사무실을 걸어 나오는데 그가 내 뒤에 대고 한마디 덧붙였다.

"자네는 아직 여기서 자신이 지니고 있는 능력을 제대로 발휘하지 못하고 있네. 자네가 이곳에서 최선을 다해서 그를 대신해 준다면, 자네는 자신이 위치해 있는 영역에서 성공할 수 있는 절호의 기회를 얻을 수 있을 거야. 그리고 이보게, 제리, 하워드는 수차례에 걸쳐서 자신을 대신할 사람으로 늘 자네를 지목하곤 했었다네."

당신도 짐작하겠지만, 당시 내 안에서는 이러저러한 생각이 서로 끊임없이 충돌하고 있었다. 그러면서 나는 나 자신의 이모저모에 대해서 하나하나씩 스스로에게 질문을 던지게 되었다. 비록 내가 그때까지 숱한 비즈니스 세미나와 여러 회사들에 대한 트레이닝에서 성공을 거둬 오긴 했지만, 내 신념은 그다지 미덥지 못했던 것이 사실이었다. 그런데 이제는 새로운 각오와 판단을 내려야 하는 상황에 이른 것이다. 그러면서 나는 내 안에서 들려오는 이런저런 목소리를 듣고 있었다.

그날 저녁, 나는 편안한 마음으로 휴식을 취하며 차분하게 이런저런 생각을 하고 있었다. 그때 눈에 보이지 않는 어떤 존재가 내 방 안으로 들어오고 있는 느낌을 강하게 받았다. 나는 마치 뻣뻣하게 굳은 사람처럼 한 치의 미동도 없이 우두커니 있을 수밖에 없었다. 그때 내 귓가에 부드러운 목소리가 들려왔다.

"그래, 제리, 너는 지금 그것을 할 수 없다고 생각하고 있지. 잘 생각해서 판단하도록 해. 너를 지금의 상황으로 인도한 장본인은 바로 나야."

나는 그날 저녁 충분한 숙면을 취했다. 다음 날 아침, 나는 자신 있게 그 직책을 받아들이기로 마음을 굳혔다. 그러고는 곧바로 레이크 애로우헤드 리조트로 향했다. 마치 모든 것이 마법에 걸린 것 같은 느낌이었다. 정말 모든 것이 내 역할로 떨어진 것이었다. 트레이너, 코치, 세일즈 매니저, 그 모든 역할이 내게로 떨어진 것이었다. 그날부터 나는 사람들을 고용해서 그들을 트레이닝하기 시작했다. 세일즈의 규모를 늘리고 그를 통해서 더 많은 수익을 올릴 기회의 발판을 마련하기 위한 준비를 해 나갔다. 나는 지금도 기쁜 마음으로 그때의 일에 대해서 얘기할 수 있다. 나 자신은 물론 그 리조트가 모두 풍성한 결실을 만끽하게 되었다는 사실에 대해서 말이다.

나는 지금 또 한 번의 전환의 시점에서, 시집 『모래 위의 발자국Footprints in the Sand』을 펼쳐 들고 있다. 나는 분명히 알고 있다. 그리고 자신 있게 말할 수 있을 것 같다. 내가 부족하다고 느낄 때 누가, 그리고 어떤 것이 나를 이끌고 있는지를.

당신의 마인드를 바꿔라

제니퍼 킹 Jennifer King

정신분석학자, 다양한 자기계발서 저자, 오스트레일리아

항공기 충돌 사고 직후, 나와 남편, 그리고 손자와 손녀는 정말로 운 좋게도 사고 현장에서 탈출할 수 있었다. 나는 여러 사람들로부터 수차례에 걸쳐 이런 질문을 받았다.

"어떻게 그런 끔찍한 사고를 겪고도 아무런 스트레스나 후유증을 겪지 않으시는지요?"

우리 가족은 여러 뉴스 매체에 '기분 좋은 이야기'로서 수차례 소개가 될 정도였다.

손자 루크는 자신의 감정을 이렇게 표현했다.

"정말 무시무시했어요. 지금까지 내가 타 본 것 중에 최고였어요!"

남편 콜린은 그런 끔찍한 사고가 일어나고 나서 닷새 후에 또다시 비행기를 탔다. 나는 등뼈 두 군데에 골절이 생기는 등의 이유 때문에 남편과 함께 비행기를 타지 못하고 더 기다려야만 했다. 그리고 손녀 레베카는 여전히 비행기 타고 여행하는 것을 좋아한다.

나는 여섯 자녀를 둔 어머니로서 한 편의 드라마와도 같은 삶을 산, 그야말로 산전수전 다 겪은 '평범한 사람'이다.

지금으로부터 대략 10년 전의 일이다. 내 건강이 아주 급속도로 안 좋아지기 시작했다. 병세가 너무 좋지 않아 제대로 거동도 하기 어려운 지경이었다. 그래서 병원에 가 여러 의사들로부터 진찰을 받고, 그들이 추천하는 여러 가지 검사를 받아 봤다. 그리고 수술도 받아 보고, 엄청난 양의 약도 처방을 받아 복용을 해 봤다. 그러나 더 이상 어떻게 손을 써 볼 방도가 없다는 이야기만 들을 수 있었다. 내 병은 그야말로 최악의 상황에 이르러 있었던 것이다.

그래서 나는 궁여지책으로 건강을 개선해야겠다는 일념으로 다양한 정보를 수집하기 시작했다. 그런데 내 몸과 건강에 대한 현실적이고 정확한 이해가 내 삶을 변화시키게 되었다.

바른 정보는 곧바로 내 삶 속으로 유입되기 시작했다. 나는 끊임없이 읽고 또 읽었으며, 심리요법가로서의 트레이닝을 시작했다. 그리고 마침내 나는 내 건강의 실제적인 문제가 어떤 것이었는지에 대한 핵심에 도달할 수 있었다.

당신의 에너지에 플러그를 꽂아라

내가 행한 트레이닝은 나로 하여금 내 건강과 내 가족 구성원들과 내 친구들의 삶의 방향을 변화시킬 수 있도록 해 주었으며, 개인적으로는 심리 요법가로서, 건강 교육자로서, 그리고 대중 연설가로서의 삶을 새로이 시작하도록 해 주었다. 나는 지금 정말 즐겁게 일을 하고 있다.

돌이켜 보니, 인생에서 이따금씩 찾아오는 혼란과 격동에는 모두 그 나름대로 이유가 있다는 생각이 든다. 그런데 그것에 대한 깨달음은 없이 그저 내 삶엔 언제나 목적만이 있었다. 그렇기 때문에 내 인생 역정은 지금에서야 그 의미를 지니게 되는 것 같다.

이제 내가 추구해야 할 일은 이런 정보들을 다른 사람들에게 알리는 일이다. 그래서 나는 그 일환으로, 하나의 프로그램을 구상했다. 그리고 그 정보를 담은 책을 출판할 계획도 가지고 있다. 그러니까 그것은 모두 누구에게든 그 사람의 남은 인생의 방향을 올바로 변화시켜 바로잡아 줄 수 있는 복잡하지 않은 명료한 방법을 이식시키기 위한 조감도가 되는 셈이다.

변화는 어떤 '나쁜' 사건이나 기억을 어떻게 처리하느냐가 아니라 삶을 어떻게 새롭게 구상하고 경영하느냐에 대한 사고의 문제이다.

변화에 있어서 중요한 문제는 당신의 마인드를 어떻게 변화시키는지에 대한 방법을 이해하는 것뿐만 아니라 그 변화 과정이 어떤 기능을 하게 되는지를 이해하는 것이다. 나는 여기서 전례가 없는 직접적인 설명을 하나 하고자 한다. 그것은, 우리 모두가 어떻게 사안 하나하나를 선택할 수 있는 능력을 지니고 태어났는지, 그리고 또 우리의 성공과 건강은 물론 웰빙까지를 어떻게 알아서 스스로 관리할 수 있는 능력을 지니고 태어났는지에 대한 설명이다. 그것은 우리가 어떻게 기능하며 성장해 가고 있는지에 대한 지식을 푸는 시대와 문화에 비견된다고 할 수 있다. 그러니까 그것은 당신이 자신과 연결하는 간단한 계획이며, 또한 건강과 부와 행복을 성취하는 간단한 계획이다.

스스로 생각해 봐도 내가 건강 전문가가 되었다는 사실은 정말 놀라운 일이다. 항공기 충돌 사고 후 나는 명상 프로그램이 담긴 홀로자잉크_{Holosync} 솔루션 CD를 들으면서 어떤 진통제도 복용하지 않고 내 몸을 다스렸다.

이것은 내가 그 후에 심한 질병에 시달리면서 내 삶과 인생의 목적에 대해 총체적으로 극심한 혼란을 겪을 때에도 마찬가지로 큰 차이가 없었다.

이제 나의 비전은 당신이 '깨어 일어나…… 당신이 사랑하는 삶을 사는' 모습을 보는 것이다. 당신은 충분히 그런 삶을 살 만한 가치를 지니고 있다!

차이를 만들어라

: **스테이시 로버츠** Stacey Roberts

저자, 강연가, 치료요법사, 오스트레일리아

아름다운 중서부의 여름날 오후였다. 나는 가장 친한 친구와 함께 산책을 하고 있었다. 당시 우리는 모두 열네 살이었다. 여느 날과 다름없는 평범한 날이었다. 친구와 나는 웃으면서 끊임없이 많은 이야기를 나누었다. 나중에 내 생애를 통틀어서 당시의 상황을 내가 얼마나 자주 떠올리게 될지를 그때는 몰랐다. 그때 나는 이 지구상에서 내가 추구하고 있는 목적이 무엇을 의미하는지에 대해 생각해 보았다. 돌이켜 보면 당시의 그 순간이 바로 오늘날 내가 사랑하는 삶을 살아가는 첫 발걸음이 되었던 것이다.

우리는 걸으면서 얘기를 주고받았다. 열네 살 아이들이 주고받는 대화 치고는 일상적인 주제는 아니었다. 우리는 먼 미래에 대한 이야기를 나누었다. 일상적으로 그 나이 또래들이 나누게 되는 미래의 시점은 대화 시점으로부터 흔히 몇 개월 후 정도로 한정되는 것이 보통인데, 우린 그때 좀 달랐던 것 같다. '앞으로 어떤 일을 하게 될까'를 두고 우리는 서로 한참을 이야기했다. 학교 선생님, 의사, 간호사와 같이, 장차 어른이 되었을 때 어떤 직업을 갖게 될 것인가에 대한 얘기였다. 그렇게 서로 재잘거리며 한참을 얘기하다가 나는 갑자기 멈춰 서서 이런 얘길 하였다.

"나는 알아, 내가 어떤 일에 의미를 두고 있는지. 나는 사람들의 삶에 중요한 변화를 주는 그런 일을 하고 싶어. 그러니까 나는 내가 무슨 일을 하게 되더라도 다른 사람들을 돕는 일을 하게 될 거라는 얘기지."

그로부터 많은 세월이 흐른 지금, 나는 처음으로 인정한다. 당시의 그 말은 그저 쓸데없는 지껄임이나 재잘거림이 아니라 지금까지의 내 삶을 이끌어 온 역할을 해 왔으며, 내가 어떤 길을 가야겠다고 선택하는 데 결정적인 토대가 되었다는 사실을 말이다.

어찌 생각해 보면, 상대적으로 어린 나이에 인생의 목적에 대해 당시 어느 정도의 감은 잡았다고 할 수 있겠지만, 지금도 내가 매일같이 체험하고 행하는 일과 서로 상통한다는 것 이면의 또 다른 상황을 감안하면 당시의 그 선언은 양날의 칼은 아니었나 하는 생각도 든다.

그렇다면 그것이 어떻게 양날의 칼이 될 수 있었을까? 다른 사람들의 삶에 중요한 변화를 주는 것이 진정 내 인생의 목적이라면, 이 목적은 내 안에 있는 나 자신을 만족시키기 위한 것은 아니었을까? 내 도움을 필요로 하는 사람이라면 그가 어떤 사람이든 누구에게라도 도움을 주려고 노력을 하면서도 왜 정작 고등학교 시절에 나 자신을 그다지도 미워했던 것일까? 또한 인생의 말년에 이르러 돌이켜 볼 때, 내가 코치 역할을 하며 운동선수들과 함께하는 일을 진정으로 즐겁게 했으면서, 그리고 물리요법사로서 환자들과 함께하는 일을 진정으로 즐겁게 했으면서도 그 하루를 마무리할 때 다가오는 일말의 공허함이나 허전함은 왜 생겼던 것일까? 내가 목적 있는 삶을 살았다면, 그렇다면 왜 이렇게 내 안의 모든 것이 다 소진되어 버린 듯한 기분이 드는 것일까? 그리고 왜 나는 4만 달러가 넘는 카드빚을 안고서 재정적인 어려움을 겪고 있는 것일까? 돈은 우리가 목적한 삶을 살아갈 때 액수의 많고 적음을 떠나 반드시 요구되는 물질이다. 그런데 이 말이 맞긴 맞는 말인가?

그런 고민을 하면서 20년을 또 훌쩍 지나 보낸 지금, 나는 내가 스스로에게 되뇌었던 메시지의 이면에 담긴 뜻을 이해하게 되었다. 그 전에는 그 메시지의 의미를 정확히 이해할 수가 없었다. 자라면서 우리는 자기 자신의 목소리보다는 좀 더 의식적인 목소리에 더 큰 힘을 부여하는 경향이 있는 것 같다. 오랜 세월 동안, 나는 분명 자신을 돌보는 일보다는 다른 사람을 돕는 일에 더욱 집중했다. 그 과정에서 내가 놓친 것은 바로 내가 다른 사람을 도와주면서 정작 나 자신에 대해서는 돌보지 않았다는 것이다. 결국 나는 다른 사람들을 도우면서, 그와 동시에 나 자신을 함께 성장시켜 나가는 것, 그것이 바로 내 영혼의 콘센트에 플러그를 꽂고서 내가 바라는 삶을 살아가는 시초가 된다는 사실을 깨닫게 되었다.

　자신을 돌보는 것은 내가 지니고 있는 가치를 발견하고 그것들을 재정비하는 것과 연관이 있다. 그리고 내 중심을 변화시키고, 내가 스스로 만들어 내 발목을 잡게 했던 과거의 모든 낡은 신념과 부정적인 사고들을 털어 버리는 것 또한 나 자신을 돌보는 일과 연관이 있다. 다른 사람들의 안녕과 행복을 위한다고 해서 나 자신의 행복과 건강까지 희생할 이유는 없다는 것이다. 다만 자신의 내실을 다지면서 다른 사람들이 자신이 지니고 있는 잠재력을 현실화시킬 수 있도록 도울 수는 있다. 그러기 위해서 내겐 해야 할 일들이 많다. 내 고객들에게는 그들이 원하는 결과를 내도록 도움을 줘야 하고, 나 스스로도 더 나은 단계로 올라설 수 있도록 끊임없는 노력을 해야 한다. 사실, 그런 바람들은 이미 현실로 나타나고 있다. 내 인생은 진정 축복받은 인생이다. 목적한 바대로 살아가고 있으며, 또한 내가 바라는 삶을 이루어 가고 있으니 그렇지 않은가?

세명의 부인들

데이빗 레스닉 David Resnick

캘리포니아

내 인생에서 이룬 여러 성공의 비결 중 가장 중요한 요소 하나를 지적하라면, 그것은 매 상황에서 이루어지는 '결정하기' 이다. 어떤 사안을 두고 결정을 내린다는 것이 쉽게 보일지는 모르겠지만, 가장 어려운 문제 중의 하나가 바로 뭔가를 결정하는 문제이다. 실제로 어떤 사안에 대한 결정을 눈앞에 두고서 나는 이따금씩 어려움을 느끼곤 했다. 내가 원하는 것이 정말 가치가 있는 것일까 하는 생각도 했으며, 결정을 잘 못해서 낭패를 보는 것은 아닐까 하는 두려움을 느낀 적도 있었다. 그러나 어쨌든 결정은 하게 되어 있으며, 또 늘 이루어져 왔다.

어린 소년 시절, 나는 나로서는 어떻게 보면 가장 중요하다 할 수 있는 결정 하나를 내렸다. '황금률'에 따라 이루어진 영적이면서도 살아 있는 그런 결정 말이다. 그런데 결정을 하는 데 있어서 가장 중요한 것은 아무래도 마음이 전하는 의지인 것 같다. 나는 절대적으로 이 가치를 믿는다. 모든 행동을 주관하고 인도하는 내 마음을 전적으로 신뢰한다는 뜻이다. 이런 나만의 가치들은 내 인생의 모든 영역에 걸쳐 지대한 영향을 주었다. 비즈니스에서 성공할 수 있도록 도움을 주었으며, 어떤 것에 대한 지나친 탐닉이나 공포, 그리고 여러 중압감 등을 극복하는 데에도 도움을 주었다. 나는 개인적으로 내가 이룬 성공에 대해 큰 자부심을 가지고 있다. 그런데 다른 한편으로 보면, 내게 평화를 주거나, 내가 보다 나은 인간이 되도록 이끌어 준 역할을 한 것은 꼭 그런 가치들만은 아니었다. 내 성공은 바로 세 명의 내 부인들 덕분에 이루어진 것이다.

이 말이 무슨 얘긴지 의아하게 들릴 것이다. 설명을 한번 해 보겠다. 우리가 내리게 되는 가장 중요한 결정은 각자가 속해 있는 사회나 종교에 의해 영향을 받을 수가 있다. 혹은 영적 지도자나 정신적 지도자, 또는 사회적 지도자 등의 여러 인물들로부터 영향을 받을 수도 있다. 나는 여러 가치들에 대해서 소중하게 생각한다. 그리고 존중한다. 하지만 나는 나 자신을 위해서 나 스스로 신중하게 선택하는 가치와 함께 어우러진 내 삶 속에서 중요한 결정과 선택을 하고 싶다. 그러니까 다른 사람이나 다른 어떤 존재의 판단 기준에 의해 나의 선택이 이루어지지는 않는다는 것이다. 정서는 보다 풍요롭고 진지한 인생을 살아가는 데 중요한 기여를 한다. 그러

   당신의 에너지에 플러그를 꽂아라

나 내 인생에 있어서만큼은 중요한 결정을 좌우하는 데 그런 감정이나 정서를 개입시키고 싶진 않다. 세 번의 결혼이 실제로 한 사람의 확신이나 신념을 검증할 수 있는 계기가 된다고 할 수는 없겠지만, 나는 내가 함께 했던 부인들과의 소중했던 관계들을 쉽사리 벗어던지고 싶지는 않았다. 왜냐하면 과거의 결혼도 내 선택에 의한 것이었으며, 이전의 부인들도 그와 마찬가지 경우이기 때문이다. 나는 과거의 결혼을 실패로 보지 않는다. 이전 부인들과의 관계 역시 실패한 관계라 생각하지 않는다. 오히려 많은 사람들이 결혼보다도 그 외의 하찮은 것들에 훨씬 더 많은 것을 투자해 중요한 것을 잃고 마는 것은 아닌가 하는 생각을 하고 있다. 우리에겐 결혼을 해서 얻은 자식들이 있다. 그리고 역사가 있다. 그렇기 때문에 더욱 서로를 존중하고 배려해야 하는 것이 아닐까?

나를 이상한 사람으로 보지는 마라. 내게는 세 명의 부인이 있다. 물론 법적으로 유효한 부인은 현재 함께 살고 있는 한 사람이겠지만. 그러나 나는 이전의 두 번의 결혼을 부끄럽게 생각하진 않는다. 모두 동등하게 자랑스럽게 생각하고 있다. 중요한 것은 내가 누군가와 결혼을 하기로 결정을 할 때는, 결혼은 꼭 어떠해야 한다 또는 어떠해서는 안 된다, 하는 식의 다른 사람의 시각이나 사회의 관점이 중요하게 고려되지 않았다는 점이다. 이런 이유로 해서, 현재 내게는 한 명의 멋진 부인과 두 명의 또 다른 (과거의) 부인이 존재하는 것이다. 두 명의 전부인과 나는 부모로서, 그리고 친구로서 아직까지도 가까운 관계를 유지하고 있다. 나는 과거의 부인들을 사랑하고, 존중한다. 그렇기 때문에 나는 그들과의 관계를 끝내야 한다는 생각을 해 본 적이 없다. 우리의 결혼이 모두 무의미하게 끝난 것이 아니기 때문이다. 서로 사랑하지 않았다면 아예 결혼 같은 것은 없었을 것이다. 나는 전부인들 간에, 혹은 현재의 부인과 과거의 부인들 간의 관계에 대해 이래라저래라 명령하거나 지시하는 그런 사회의 ‘규칙’을 따를 의향이 없다. 왜냐하면 그런 명령이나 지시 없이도 이미 우리는 서로 좋은 관계를 유지하고 있기 때문이다.

나는 세 번 결혼을 했다는 개인적인 배경에 대해서 감추거나 비밀로 할 생각은 추호도 없다. 세 번의 결혼 모두 나 자신의 한 부분들이니까. 그런 것보다도 오히려 내가 더 염려하고 신경 쓰는 부분은 보다 인간다운 인간, 그리고 다른 사람을 가엾게 여길 줄 아는 연민의 감정을 지닌 그런 사람이 되어야겠다는 것이다. 그것이 나 자신은 물론 내 판단에 대해 무가치한 것으로 한정하지 않고 도리어 내 지난 경험을 살려 보다 더 생산적인 방향으로 가는 것이라 생각한다. 그리고 여기서 또 한 가지 중요한 것은, 내가 스스로를 들여다볼 수 있는 자신만의 거울을 만들었다는 것과, 그 거울에는 내가 성장하는 동안 내 개인적인 가치 형성에 이러쿵저러쿵 명령하곤 했던 사회, 종교, 그리고 공동체에 대한 가치는 투영시키지 않도록 하고 있다는 것이다. 결론적으로 나는 특별히 나 자신을 포함해서 내 삶에서 가까이 지내 오고 있는 모든 사람들과의 관계에 더욱 보답하고, 또 그런 관계를 앞으로도 더욱 사랑할 것이다.

휴머니티의 팀

콘래드 케인 Conrad Cain

애틀랜타

분명 9개월 전까지만 해도, 나는 나 자신을 숨기고는 다른 사람들 앞에 나타나지 않았다. 심지어는 나 스스로도 나 자신을 숨겼다. 나 자신을 유지해 갈 수 있고, 또 내 마음과 정신과 영혼에 아주 깊이 각인된 그 어떤 것만을 할 수 있는, 그야말로 오로지 편안하고 안전한 상황이 내 앞에 나타나기만을 고대하면서 말이다. 나는 공포로 인한 불구자였다. 나는 내가 못한다고 생각하는 것을 남이 해 주기를 늘 기다렸다. 나는 내가 뭔가를 할 수 있도록 다른 누군가가 나서서 날 위한 공간을 마련해 주기만을 기다렸다. 나는 그렇게 다른 사람들과 심지어는 나 자신으로부터도 나를 숨기며 살아왔다.

『신과의 대화Communion with God』라는 책을 읽고, 애틀랜타에서 있었던 북 투어book tour에서 그 책의 저자인 닐Neale Donald Walsch이 하는 말을 듣고 나서야 비로소 나는 '휴머니티 이벤트Humanity's Event' 가 열리고 있는 오리건 주로 달려갔다. 이벤트 행사장을 에워싼 위대한 사랑의 열기를 통해서뿐만 아니라 행사장 여기저기에 '작지만 헌신적인 시민들로 구성된 그룹이 세상을 변화시킨다는 것을 결코 의심하지 마라. 세상을 변화시키는 것이 반드시 다수에 의한 것만은 아니다. 내가 아니면 누가? 지금 아니면 언제?' 라는 글귀가 쓰여 내걸린 포스터 문구를 통해서 내가 얼마나 큰 감동을 받았는지, 나는 그때의 그 벅찬 감동을 아직도 생생히 기억하고 있다. 그와 유사한 포스터 문구를 그때 처음 접한 것은 아니었지만, 당시 내게 그 문구가 유독 강하게 와 닿은 것만은 틀림없다. 영혼의 용솟음이 내 눈을 눈물로 가득 채웠으며, 내 가슴은 솟아나는 영감으로 가득 차올랐다. 그때 비로소 나는 처음으로 한 발 앞으로 발걸음을 내디딜 수가 있었다. 오랫동안 고대해 오던 바로 그 순간이었다.

나는 애틀랜타로 돌아오자마자 곧바로 여행을 시작했다. 그리고 오리건 주에서 내가 체험했던 내용들에 대해서 다른 사람들에게 이야기를 해주기 시작했다. 그때 내가 느낀 것은 내가 어떻게 그와 같은 새로운 에너지와 확신을 갖게 되었는지 그 이유를 어떻게 표현할 길이 없다는 것이었다. 내가 품고 의도했던 열정을 이해하는 것은 오직 나밖에 없다는 생각이 들었다.

그런데 어느 순간 또다시 내 자신감은 다시 시들어 가기 시작했다. 앞으로 어떤 일이 벌어질 것인지를 살피기 위해 나는 다시 한 발 뒤로 물러섰다. 그때 크리스천 팽크허스트가 내 인생에 등장했다. 크리스천의 열정은 연기를 내며 사그라지고 있는 내 영혼의 불씨에 부는 바람과 같았다. 나는 나 자신을 새롭게 거듭나게 해야 한다는 생각은 물론, 이제 앞으로는 그 어떤 것이든 모든 것을 해야겠다는 생각으로 각오를 새롭게 다지게 되었다. 단순히 어떤 대상을 연구하거나 해야 할 일에 대해 행동은 안 하고 생각만 하는 짓은 이제 그만두고, 실제로 모든 것을 곧바로 실행으로 옮겨야겠다는 각오를 하게 된 것이다! 크리스천은 "행동이 어려운 것은 아니다. 다만 행동하는 것이 어렵다고 생각할 뿐이다"라고 말했다. 경험을 해 보니, 정말 그 말이 사실이란 것을 나는 뒤늦게 깨닫게 되었다.

크리스천을 비롯하여 또 다른 여러 사람들이 했던 것처럼, 나는 새로운 각오로 지나온 과거를 정리하였다. 그러면서 한 사람이 품은 의도나 각오가 '할 수 있다'는 믿음과 자신이 뜻한 바를 성취하는 데 크나큰 동력으로 작용한다는 것을 터득하였다. 그리하여 나는 한 사람의 의도나 목적이 자신이 품은 인생의 사명과 잘 어우러질 때 수많은 기적이 현실로 이루어진다는 사실 또한 깨닫게 되었다.

지금 내가 의도하고 목적하는 내용들은 다음과 같다.

- 필요한 것을 보면, 그것을 채울 수단과 대책을 마련한다.
- 두려움에 빠진 사람을 보면, 그들을 거울삼아 내 안에 있는 두려움을 걷어 낸다.

- 고양된 리더십을 발견하면, 그것을 따른다.

- 리더십의 부족을 발견하면, 부족한 부분을 정비하여 새로운 리더십을 발휘한다.

- 지혜가 담긴 말을 들으면, 그 말에 귀를 기울인다.

- 훌륭한 충고를 들으면, 그것을 적극 받아들인다.

- 누군가가 능력을 보이고, 또 그가 뭔가를 해낼 수 있다는 확신이 들면, 그에게 더 많은 힘을 실어 주려고 애쓴다.

- 누군가가 공을 떨어뜨리면, 그것을 주워 건네준다.

- 누군가의 비전이 막막해 장래가 보이지 않게 되면, 그가 앞을 내다볼 수 있도록 눈이 되어 도와준다.

- 누군가로부터 불평을 들으면, 그것을 감사한 선물로 생각하고, 내 자아를 다스리며, 내가 어떤 일을 하거나 어떤 사안에 대해 수정 보완을 필요로 할 때 그 불평을 본보기 삼아 사물을 바로 볼 수 있도록 스스로 애쓴다.

- 나보다 뭔가를 더 잘할 수 있는 사람을 보면, 한 발 뒤로 물러서서 그가 그 일을 잘할 수 있도록 돕는다.

- 주위를 둘러보고 나와 함께 걷는 사람이 없으면, 내가 리더로서의 자질이 부족하다고 여긴다.

- 다른 사람이 훌륭한 사람이 될 수 있도록 격려와 배려를 해 주지 못한다면, 나는 리더도 훌륭한 사람도 아니라는 것을 자각한다.

인생을 위한 청사진

: **헤더 J. 클라크** Heather J. Clarke

커리어 이노베이션 코퍼레이션 Career Innovations Corporations, Inc. 대표

내가 보기에, 세상과 우리 자신에 대한 믿음은 무의식적으로 형성된다. 그래서 일단 믿음이 어떻게 형성되는지에 대해 알게 된다면, 실제로 당신은 인생에서 자신이 바라는 것의 창조자가 될 수 있을 것이다. 믿음은 우리가 지난 과거로부터 인지해 온 의미에 사실적 기반을 두고 있는 지각知覺의 연속을 의미한다. 각각의 지각은 테이블을 떠받치고 있는 하나의 다리와 같다. 따라서 충분한 지각이 함께 하나의 영역을 구성하게 되면 바로 하나의 믿음이 형성되는 것이다. 따라서 자신에 대한 지각이 많으면 많을수록 그만큼 당신의 테이블은 튼튼한 믿음의 다리를 많이

지니고 있는 셈이다. 그러나 믿음은 우리를 자유롭게 하기도 하지만, 때로는 우리를 구속하기도 한다. 우리는 가능성을 안팎으로 여과해 내는 선글라스와 같은 믿음을 착용하고 있다. 그리고 다시 한 번 강조하지만, 지각은 믿음을 형성하고, 우리의 현실적인 경험의 필터를 창조해 낸다.

우리가 생각하는 방식을 좀 더 의식적으로 관찰해 보면, 우리가 믿고 있는 것들의 대부분이 제멋대로 형성된 것들이며, 과거의 경험에 기초하고 있다는 것을 알게 될 것이다. 당신은 이벤트를 만들고, 사물을 만들고, 또 의미 있는 사람을 만들었다. 그 이벤트란 것은 그저 이벤트를 위한 이벤트이다. 그리고 그 이벤트는 우리에게 실제의 현실이 된다.

우리는 과거에 얽매여 살아가기보다는 행복으로 우리의 공간을 가득 채울 수 있는 기대감과 희망을 가지고 살아가야 한다. 당신이 의식적으로 이 부분에 대해 인식을 하고 몸소 행동으로 옮긴다면, 당신은 자신의 기분과 감정을 몰아가는 그런 이벤트가 아닌 진정한 가치를 지닌 풍성한 삶을 이끌어 낼 수 있다. 삶 속에서 우리가 기대하는 것은 우리가 경험하는 것이다. 그래서 결과적으로 볼 때, 사람들은 자신의 소망을 일깨울 경우에 너무 많은 것을 기대하지 않으려고 한다. 만일 그러지 않았다가는 실망과 좌절이 너무 크기 때문이다. 우리의 사고 에너지는 우리가 보고 체험한 것을 가지고 모양을 만든다. 그렇다면 이 에너지는 어디서 온 것일까?

당신이 매일같이 자신과 나누는 대화, 혹은 자기 자신에게 반복하여 전하는 메시지는 무엇인가? 당신의 마음속에서는 어떤 테이프가 끊임없이 반복되어 플레이되고 있는가? 당신은 자신의 건강 상태, 그리고 당신의 친구, 가족, 그리고 사랑하는 사람들과의 관계에 대해 어떤 생각을 가지고 있는지, 그리고 얼마나 좋은 상태를 유지하고 있는지에 대해 당신 안에 있는 자아와 어떤 종류의 대화를 나누고 있는가? 이제는 자신을 돌아볼 때가 되었다.

내 경우에 있어서, 매 순간의 삶이란 나의 마음, 육체, 그리고 영혼 간의 균형을, 그리고 세상에 대한 나의 긍정적인 신념과 믿음에 대한 균형을 유지시키기 위한 것의 전부라 할 수 있다. 시처럼 운韻이 있는 삶을 산다는 것은 삶 속에서 일치와 동시성을 일구어 내기 위한 믿음 위에 의도와 목적성을 더하며 살아가는 것이다.

한편, 나는 고객들과 전문적인 일을 함께하면서 풍부한 법률 상식과 실제적인 경험을 겸비한 나 자신과 제휴 약속을 한다. 그러면서 나는 내 고객들에 대한 지각과 그들과의 믿음 안에서 일을 해 오고 있다.

나는 고객들과 함께하면서 그들 각자의 삶을 위한 또 다른 비전을 적극적으로 계발하고 그를 통해서 스스로 자신의 가능성과 희석되지 않는 잠재력을 발견할 수 있도록 그들에게 도움을 주고 있다. 그런데 가끔씩 고객들은 그 과정에서 자신들의 믿음을 들여다보고는 자주 놀라곤 한다. 그것은 그들이 자신의 의식과 지각에 집중하지 못하고 있다는 증거이다. 그래서 나는 그들이 자신의 의식과 지각에 집중할 수 있도록 도움을 주고 있다. 그들로 하여금 하나의 사물 너머에 있는 또 다른 것을 보게 하기 위해서이다. 과거에 백열전구와 그 불빛을 처음 경험하게 되었을 때 아마 우리는 그 둥그런 유리 전구에 불이 들어오는 것을 보고 "아하!" 하고 탄성을 질렀을 것이다. 하나의 순간이 또 다른 순간으로 넘어가는 찰나에 나타나는 하나의 패러다임이다. 백열전구가 우리 인간의 삶을 바꿔 놓았듯이 우리 자신도 그 무엇인가에 의해 삶이 전환되는 상황을 맞을 수 있다.

바로 삶에 대한 청사진을 사용함으로써 우리는 자신의 삶을 뒤바꿀 수가 있다. 지금까지 언급한 기본적인 삶의 원칙들을 자신에게 꾸준하게 적용함으로써 자신이 마음에 그리는 삶을 의식적으로 창조해 놀라운 차이를 이끌어 낼 수가 있는 것이다. 우리는 세상 밖의 수많은 요소들로 인한 혼란을 극복하기 위해 각자 자신에게 내재해 있는 집중력을 내세워 투쟁하고 있다. 그런데 그 혼란스러움은 언제나 우리의 자제력을 시험하고, 또 상실하게 만들기도 한다. 그러나 그 혼란스러움은 단순한 환영에 불과하다. 신문을 바로 읽고, 텔레비전에 구속되지 않고 올바른 시청을 할 수만 있다면 우리의 삶은 생각보다 그다지 어렵지만은 않다. 사물을 바로 보고, 그 본질을 정확히 지각할 때, 우리의 믿음은 비로소 생겨난다. 그리고 우리는 바로 그 믿음의 토대 위에서 자신만을 위한 삶의 청사진을 그려야 한다. 이제 준비할 때가 되었다.

사람 : 삶의 비결

메리 보에머 Mary Boehmer

뉴저지

나는 지금 스무 살이다. 나는 인생에서 진정한 행복에 이르는 비결이 무엇인지를 발견했다. 진정으로 나는 그것을 믿는다. 그리고 나는 또 끊임없이 웃을 수 있고, 아름다운 이야기를 하고, 한없이 즐거움을 만끽할 수 있는 열쇠도 발견했다. 행복과 사랑, 그리고 아름다움은 모두 한 가지에서 나온다는 것을 터득하게 된 것이다. 그것은 바로 사람이다.

내 삶은 새롭다. 내 삶은 다르다. 그리고 내 삶은 무척이나 아름답고 멋진 순간들로 가득 차 있다. 그 이유는 내 삶에 들어와 있는 사람들 때문이다. 성공에 이르는 열쇠는 우리 자신의 내부와 우리 삶의 안팎을 드나드는, 우리 가까이에 있는 사람들에게 있다는 것을 나는 진정으로 믿고 있다. 내게 있어서 가장 중요한 일곱 개의 단어는, '안녕하세요, 제 이름은 메리입니다. 당신의 이름은 무엇인가요?' 라고 나는 생각한다. 바로 그 일곱 개의 단어를 통해서 무한한 가능성을 지닌 세계가 우리에게 다가오기 때문이다. 나는 내 삶이 훨씬 더 윤택해질 수 있도록 해 줄 사람들로 내 주위를 에워싸게 할 것이다.

내 가족과 친구들이 나의 전부이다. 그들이 바로 내 삶의 역사를 만드는 사람들이다.

당신이 아끼고 돌보는 사람들과의 관계가 바로 당신이 원하는 삶을 살 수 있도록 해 주는 열쇠이다. 당신을 편안하고 안락하게 해 주는 이들이 그들이고, 당신에게 새로운 가르침을 주는 이들도 그들이며, 당신에게 끊임없이 즐겁고 재미있는 일들을 가져다주는 이들도 바로 그들이다. 또한 당신을 성장시켜 주는 것이 바로 그들과의 관계이며, 당신이 최고의 인물이 될 수 있도록 늘 도전의식을 심어 주는 것도 바로 그들과의 관계에서 나온다. 당신이 진정 누군가를 사랑한다면, 그리고 그들이 진정 당신을 사랑한다면 당신의 삶은 가히 완벽하다 할 수 있다. 당신의 삶이 당신이 전부라 여기는 사람들로 가득 차 있다는 것을 당신이 지금 인지하고 있다면, 당신은 지금 세상의 전부를 지니고 있는 것이고, 하루하루의 나날 또한 모두 당신의 것이며, 그것이 바로 당신의 삶이다.

아주 어린 나이에 깨달은 한 가지 사실을 나는 감히 지금 말하려고 한다. 한 사람이 우리에게 중요한 의미가 될 수 있다는 사실이 그것이다. 내가 어린 나이에 깨달은 또 하나의 사실은 내 삶 속에 들어와 있는 사람이 나에게 가장 중요한 존재라는 사실이다. 돈, 아니다. 직업, 아니다. 집, 아니다. 그리고 휴가도 아니고, 골프에서의 후반부 9홀도 아니다. 사랑하는 사람과 사별해 본 경험이 있는 사람이면 누구에게나 물어보라.

나의 아버지는 42세에 갑자기 돌아가셨다. 그때 내 나이 열두 살이었다. 그리고 또 지난봄엔 나보다 세 살 어린 남동생이 열일곱이라는 젊은 나이에 세상을 떠났다. 아버지와 남동생의 죽음은 이제까지 내가 직면한 도전 중에 가장 큰 도전이었다. 아마 앞으로도 그럴 것이라 생각한다. 하지만 그를 통해서 나는 큰 가르침을 얻었다. 사랑하는 사람과 함께 보내는 시간은 언제나 우리에게 행복을 가져온다는 사실을 말이다.

만일 당신이 사랑하는 누군가가 세상을 떠난다면, 당신의 삶 속에 들어와 있는 또 다른 사람들이 상심해 있는 당신의 마음의 한켠을 다른 것으로 채워 줄 것이다. 아버지와 남동생의 죽음 이후, 나는 내게 생명과 열정을 주신 하나님께 크나큰 감사의 마음을 지니고서 내게 주어진 삶을 열심히 살아가고 있다. 나는 삶을 사랑한다. 내 삶에 들어와 있는 사람들을 사랑하기 때문이다. 너무나도 간단하지 않은가?

주위에 있는, 당신이 사랑하는 사람들로 이 세상을 가득 채워라. 그렇게만 된다면 당신은 진정 성공적인 삶을 살아가게 되는 것이다. 당신은 매일 아침 일어나서 사랑하는 사람에게 뭐라고 말하지 않고는 못 배길 것이다. 그리고 농담도 종종 하라. 같이 영화 보러 가자고도 하라. 그리고 여행도가고, 휴가도 함께 보내고, 아주 멋진 곳에서 사진도 함께 찍어 보라.

더 어른이 되어 내 집 한 칸을 마련하게 되면, 나는 집에다 흑백사진과 컬러가 선명하고 밝은 사진을 많이 걸어 둘 생각이다. 그리고 사람, 인생, 사랑, 그리고 행복에 대한 좋은 글귀들로 온 벽을 도배할 생각이다. 그리고 무엇보다도 가장 중요한 것은, 내 인생의 모든 나날을 내가 사랑하는 사람들로 가득한 집에서 살고 싶다는 것이다.

27

최면의 파워

발레리 데이비드슨 Valerie Davidson

영국

지난 1982년에 최면에 대해 소개를 받기 이전까지 나는 오직 영화 속에서만 그얘길 들어 왔다. 내 삶이 절체절명의 위기에 처해, 다시는 회복하기 어려운 지경에 빠진 것으로 보이던 바로 그즈음이었다. 그때 한 학생이 최면을 제안해 왔다.

나는 자기 최면에 관한 내용의 책을 한 권 샀다. 그리고 요양을 하러 2주 동안 한적한 곳으로 떠나게 되었다. 나는 한동안 그 책을 가지고 공부를 하였고, 그 후 3일 동안 그 책에서 전하는 내용을 따라 해 보았다. 그리고 그로부터 10개월 동안, 나는 아무런 약 없이도 숙면을 취할 수 있었다. 그로부터 6주 후, 나는 곧바로 직장에 복귀하였고, 그 후에도 일상생활을 해나가면서 최면을 하였다.

3년 후, 나는 사고를 당했고, 계속해서 일을 할 수가 없었다. 그래서 나는 내가 태어났던 곳으로 다시 돌아가기로 결심을 했다. 그리고 고향으로 돌아오면서 약간의 부동산을 샀다. 그러고는 임대를 내주었다. 삶이 그다지 편안하지만은 않았지만 나는 무척 행복했다.

그러던 중 내 삶 속으로 서서히 스트레스가 흘러들기 시작했다. 나는 사람들에게 어떻게 세상을 살아가야 하느냐 물으며 자문을 구하기도 하였다. 내게 무슨 일이 일어났었구나, 하고 상황을 알아차리기 전에, 나는 정신병원에 들어와 있는 자신을 발견하였다. 벌써 수개월째 약 처방을 받아 복용하고 있는 나 자신을 말이다. 그리고 퇴원 후에도 3년이 넘게 거의 폐인처럼 지냈다.

그러던 어느 날이었다. 최면요법과 관련된 광고지 하나가 내 눈에 들어왔다. 그리고 나는 약속을 하였다. 나는 그렇게 건강을 회복하기시작했다.

최면요법은 자신감을 다시 회복하는 데도 도움이 되었다. 나는 한 곳에 연락해 그곳의 메일 주소록에 내 이름을 올려 달라고 말하고는 알파 웨이브를 자극하는 자그마한 기계 장치에 대한 정보를 받아 보았다. 최면요법의 실행을 위해서는 그렇게 해야 한다는 것을 나는 알고 있었다. 그리고 하루도 빠짐없이 매일같이 기계 장치를 통해 최면요법을 실행했다. 그렇게 최면요법을 시작한 지 6개월이 채 되지 않은 시점에 이르러, 내게

는 더 이상 의사 처방전에 따른 약물 복용이 필요 없게 되었다는 것을 알
게 되었다.

그때 나는 새로운 명상법에 대한 정보를 받아 보았다. 이전에도 그와
유사한 명상을 해 본 적이 있었기 때문에, 나는 명상이 뇌를 자극하여 뇌
파 패턴을 개선시킨다는 것을 알고 있었다. 나는 2년을 그렇게 꾸준히 명
상을 하였다. 그리고 나서 나는 자신과 약속을 하였다. 이제 앞으로 더 이
상 부동산 소유주로만 살지 않겠다는 약속이었다. 스트레스가 내 삶에 아
직 존재하고는 있었지만, 이제 더 이상 그것이 내 행복에 그다지 큰 영향
을 주진 않았다. 그러던 중, 부동산 임차인들로부터 임대료가 들어오지
않는다는 것을 알게 되었다. 은행 계좌의 잔고는 바닥을 보이고 있었다.
그러나 어쨌든 나는 내 인생을 스스로 책임져 나가야 했다.

우선, 나는 자신감을 갖기 위해 또 다른 최면요법 과정에 들어갔다. 그
자신감이란 다른 게 아니었다. 임대료를 지불하지 않는 임차인을 상대로
법원에 자신감 있게 소송을 제기하는 일이었다. 그때 나는 다행히도 좋은
분을 알게 되어 내 입장에 대한 변호 자료를 준비하는 데 많은 도움을 받
았다. 그때도 역시 나는 최면요법을 통해 나 혼자서도 재판정에서의 어려
움을 잘 극복할 수 있는 용기를 얻게 되었다. 그리고 그것은 이번에도 역
시 주효했다!

승소한 것이다! 법정은 집행관과 경찰에 명하여 내 소유의 부동산을 되
찾도록 해 주었다. 당시 내 부동산의 임차인들은 내가 제정신을 회복했다
는 것을 알고는 자기들이 세 들어 있는 내 소유의 부동산을 곧바로 비워

주고 각자의 갈 길로 떠났다.

　나는 배려심 많은 한 중개인의 도움을 받아 작은 모기지 하나를 얻었다. 그리고 내 친구들은 발 벗고 나서서 내 부동산을 처분할 수 있도록 여건을 만들어 주었다. 그 결과 내 소유의 부동산은 아주 빠른 시간 안에 말끔히 매각되었다. 그리하여 나는 그동안의 부채를 청산하고, 집을 새롭게 단장할 수 있었다.

　나는 하나님께 감사드리며, 내가 갈 길을 인도해 달라고 간청의 기도를 올렸다. 그제야 나는 잠에서 깨어났던 것이다. 그리고 나는 그 순간 다른 사람들을 도와 그들이 자유의 길을 발견할 수 있도록 도움 주는 일을 원하고 있는 나 자신을 발견하게 되었다. 이어, 나는 최면요법으로 학위를 얻고 치료요법사가 되기 위한 전문 교육 과정을 시작했다. 그리고 해당 분야에서 박사 학위를 취득한 후, 나만의 최면요법 수행을 할 수 있게 되었으며, 과거에 내가 그랬던 것처럼 다른 사람들이 자신의 고통을 치유하고 자신만의 진정한 행복을 찾을 수 있도록 도울 수 있게 되었다.

최고의 상

: **로리 리버스** Lorrie Rivers
실험대화극장을 만들었고, 시와 산문, 그리고 노랫말 등을 쓰기도 하며,
다큐멘터리 프로듀서로도 활동하고 있다.

그것은 모두 워터 쿨러에서 시작되었다. 적어도 내 생각은 그렇다. 배우들이 있는 천막으로 워터 쿨러를 가져가라는 목소리가 내 오른쪽 귓가에 와 닿았다. 그 목소리는 곧바로 뇌로 전달되었다. 어떤 때에는 그렇게 귓가에 맴도는 목소리를 하나님의 음성으로 혼동할 때도 있긴 했다. 휴대폰으로 들려오는 음성에 대해서도 말이다. 나는 상관을 쳐다보았다. 그는 시원한 음료가 가득 들어 있는 거대한 아이스박스를 가리키고 있었다. 사우스캐롤라이나의 여름 해변이었으니 모든 사람들이 시원한 음료를 찾게 될 것이고, 그렇다 보니 거기에 필요한 음료의 양도 많을 수밖에 없었다. 아직 정오를 넘기지 않은 시각이었는데 기온이 벌써 40도를 가리키고 있었다.

나는 그 무겁고 거대한 몸집의 워터 쿨러를 20미터나 떨어져 있는 그 천막이 있는 곳으로 반은 들고 반은 질질 끌다시피 낑낑거리며 이동시키기 시작했다. 내 심장은 하루 종일 미쳐 날아다니는 한 마리 나비처럼 이미 벌렁거리고 있었다. 그것 말고도 내 몸에서는 이상한 여러 증상들이 계속 진행되고 있었다. 그런데 그때는 세상도 그처럼 이상한 모습으로 보였다. 매일 매일 일상적이고 평범하던 그 해변의 모래가 한 발 디디면 빠져 버리고 또 디디면 금세 꺼져 버리는 것이었다. 한 발 한 발 내디딜 때마다 내 발은 점점 더 깊은 모래 속으로 빠져들고 있었다. 그럴수록 나는 점점 더 발을 빼기가 어려워져만 갔다. 변한 것은 모래뿐이 아니었다. 주위에서 들려오는 소리는 심할 정도로 점점 느려졌으며, 윙윙거리기 시작했다. 들려오는 초침의 시간 간격이 점차 늘고 있는 어떤 휑뎅그렁하게 큰 방에 홀로 내동댕이쳐진 것 같은 기분이었다.

나는 지금도 그때 내가 그 쿨러를 어떻게 했는지 기억이 나질 않는다. 그러나 그 다음의 상황은 기억이 난다. 나는 팔에 큰 바늘을 꽂고 삑삑거리는 어떤 기계 장치를 몸에 연결한 채 들것에 실려 가고 있었다. 그때 어디선가 아련히 그 쿨러가 내 시야에 들어왔다. 바로 그날부터 내 인생은 180도 바뀌었다. 전에는 하루에 8킬로미터를 넘게 뛰어다니곤 하던 내가 이제는 침대에서 가까스로 빠져나와 화장실 정도나 왕래하는 상황으로 바뀐 것이다. 나는 끊임없이 계속되는 고통에 시달렸다. 내게 발작적인 마비 증세가 있었던 것이다. 그때 내 나이는 스물네 살이었다. 나는 식사를 하는 것도 아버지의 도움을 받아야만 했다. 아무런 생각이 없었다. 아니 어떤 생각을 할 수도 없었다. 심지어는 호흡도 제대로 할 수가 없었다. 그 모든 것들이 내겐 큰 고통으로 다가왔다. 살고 싶다는 생각이 사라졌다. 마침내 나는 내 증상에 대한 진단을 받았다. 만성피로증후군[CFS]과 면역기능장애증후군[IDS]이란 진단이었다. 의학계에서 전하는 말에 따르면, 이 질병엔 특별한 처방이나 이렇다 하게 의지할 만한 분명한 치료법이 없다고 했다. '병세가 호전될 수 있을까? 아마 그렇지 않을 거야. 아마 나는 남은 평생 동안 이 병을 떠안고 살아가게 될지도 몰라.' 당시 내게 드는 상념들이었다.

병이 나기 전에 나는 늘 몇 가지 목표를 가지고 그것을 향해 최선을 다해 열심히 싸우며 살아가고 있었다. 그리고 종종 그 목표에 도달하곤 했다. 하지만 그것은 모두 공허한 것에 불과했다. 모든 것이 힘들었다. 나는 내 삶을 즐기지 못했다. 목표를 이루는 것도 어려웠고, 나 자신을 바라보는 나도 어려웠으며, 내 몸도 어려웠다. 그래서 나는 그런 생각을 했다. '너는 너 자신과 싸워야만 한다. 너 스스로 진정을 다해 열심히 일해야 한다'고 말이다. 그러다가 이제는 병이 들어 누운 채 생각해 보니, 이번엔 이런 깨달음이 왔다. '만일 내가 이 병을 훌훌 털고 일어나기만 한다면 나는 내 삶을 살 것이다. 내가 늘 원했던 삶을 살 것이다'라는 깨달음이었다. 무엇보다도 나는 나 자신을 사랑해야 한다고 생각했다. 그때까지 살아오면서 늘 그런 얘길 주위로부터 듣기도 하였다. 그런데 그때는 '그게 무슨 의미냐?' 라고만 생각했었다. 사실 그때 나는 그것의 진정한 의미를 이해해야만 했다. 그러나 그 진정한 의미에 대한 깨달음은 내가 병이 나 누워 있을 때에야 찾아왔다. 그 의미란 다른 게 아니었다. 나 자신이 아름답고, 패기 넘치고, 특별하고, 그리고 나름대로 소중한 가치를 지니고 이 땅에 태어난 존재라는 사실이었다. 내가 무엇을 이루었다는 것이 중요한 게 아니었다. 당신도 나와 크게 다르지 않다고 생각한다. 당신이 원하는 것이 무엇이든지, 그 자체가 중요한 것이 아니라 당신이 지금 이 자리에 있다는 바로 그 자체가 소중한 것이며, 그렇기에 가치가 있는 것이다. 내가 인생에서 새로운 전환점을 발견하게 된 것도 바로 그런 맥락의 관점에서였다. 우리는 기쁨이라는 목적을 위해 여기에 있는 것이다. 이 간단한 진리를 이해하는 것이 그 전엔 어려웠던 것 같다. 나는 그저 내가 흘린 눈물과 피와 땀으로 나 자신과 나의 가치를 입증해야만 한다는 생각을 머릿속에 주입시키고 있었으니, 삶의 진정한 의미와 가치를 파악하는 게 나로서는 어려울 수밖에 없었던 것 같다.

그 전에 나는 이런 말을 자주 듣곤 했었다.

"우리가 사는 삶의 세월은 모두 하나의 여정이다. 목적지가 전부는 아니다."

그러나 나는 그 말이 무엇을 뜻하는 것인지를 전혀 이해하지 못했었다. 인생에서의 목적은 기쁨과 즐거움을 체험하는 것이라는 사실을 믿는 나 자신의 목소리를 듣고 나서, 그리고 그 목소리를 스스로에게 허락하고 나서 인생의 전 '여정' 이 내게 이해되기 시작했다. 그리고 점차적으로 하나

  당신의 에너지에 플러그를 꽂아라

의 새로운 세계가 내 삶 속으로 흘러들어 오기 시작했다. 나는 밖으로 나가 산책을 하곤 했다. 내가 어떤 장애물을 극복할 수 있든 없든 그런 걱정과 염려에 휩싸이는 대신, 산책을 하면서 발걸음을 멈추고 내 앞에 피어 있는 아름답고 달콤한 향기를 뿜어내는 꽃을 보고 감탄을 하곤 했다. 나는 정말 내 몸을 진정으로 사랑하기 시작했으며, 내 몸이 치유되고 호전되어 가는 과정을 사랑하기 시작했다. 그리고 내게 있어서 가장 소중하고 가장 놀라운 과정을 내가 사랑하기 시작한 것처럼 아직까지도 남아 있는 고통의 체험마저도 사랑하기 시작했다. 나는 모든 것의 일부가 되어 가고 있었다. 지금 나는 다시 뛸 수도 있고 노래도 할 수 있다. 나는 다큐멘터리를 제작하고 글도 쓰고 있다. 그리고 내가 여러 어려움을 극복한 것과 같은 방법으로 나처럼 병으로 고생하고 있는 사람들이 건강과 행복을 찾을 수 있도록 도움을 주고 있다. 그런 과정에서 나는 많은 사람들로부터 '내가 정말 병을 얻기 이전의 상황으로 되돌아갈 수 있을까요?' 라는 질문을 계속 받고 있다. 내가 바로 그 당사자가 아닌가? 나는 이미 과거의 건강을 되찾았다. 아니, 이전보다 더 건강하다. 행복도 누리고 있다. 크게 웃으며 살아가고 있다. 나는 기쁨의 삶을 누리고 있다. 그리고 그 기쁨을 통해 목적을 이루어 가는 과정 속에서 살아가고 있다. 그래서 나는 지금의 모든 삶의 여정에 감사하며 살아가고 있다. 인생을 살아가면서 그 정도면 아쉬울 게 없는 것 아닐까? 나 자신을 사랑하고, 또 다른 사람을 사랑하고 배려하는 삶. 나는 그것이야말로 삶의 전부라고 생각한다. 그것이 바로 삶의 여정이며, 값진 삶이 아닐까? 기쁨이 충만한 삶을 살라! 그리고 기쁨의 비명을 질러 보라! 기쁨의 숨을 들이마시고, 기쁨의 맛을 보고, 기쁨을 느껴 보라.
그리고 모든 순간순간을 기쁨으로 즐겨라. 당신이 그렇게만 한다면 이 우
주의 삼라만상은 행복과 성공으로 충만한 당신이 행복한 비명을 지르는
순간을 맞이하게 함으로써 당신에게 화답할 것이다. 바로 지금 이 순간에
도 그 화답의 비는 계속해서 내 머리 위로 내리고 있다.

당신의 에너지에 플러그를 꽂아라

꿈은 현실로 나타난다

∶ **호세 M. 발타자르** Jose M. Baltazar
엘파소 커뮤니티 칼리지 카운슬러 겸 강사, 코치, 작가

나는 아주 어린 꼬마 시절부터 아버지와 함께 진지한 대화를 나눴다. 내가 열네 살 때의 일이다. 그날 역시 나는 아버지와 함께 식료품점에 갔다. 그리고 쇼핑을 마친 후 집으로 돌아왔다. 아버지는 우리가 타고 다녀온 트럭을 집 앞에 주차한 후, 할 말이 있으니 이야기를 좀 하자고 하셨다. 우리 부자가 그때 나눴던 대화를, 우리가 자주 나누곤 하던 대화의 한 예로 소개하고자 한다.

"아들아."

아버지께서 말씀하셨다.

"너도 이제 어느덧 고등학생이구나. 그런 생각만으로도 아빠는 무척 행복하단다. 아빠는 우리 아들이 고등학교를 마치고 대학에 진학했으면 한다. 아빠는 되도록 네가 교육을 많이 받았으면 바라고 있다. 아빠는 우리 아들이 전문적인 분야에 대한 공부를 좀 했으면 좋겠어. 이 아빠처럼 무릎을 구부려 가며 딸기를 따거나 허리를 굽혀 상추나 뜯으며 하루 종일 시간을 보내지 않았으면 좋겠다.

어떤 사람은 창고에서 상품을 포장하는 일을 하지. 그 일은 크게 어렵진 않지만 힘든 일이란다. 아빠는 네가 번듯한 사무실을 가지고 일을 하거나, 아니면 무역업 같은 일을 하게 되길 바라고 있단다. 그런 일이 네겐 더 쉬운 일일 거야. 더 바란다면, 네 사업을 했으면 좋겠다. 영어를 공부해라. 학교에 다니면서 말이다. 내가 영어만 할 줄 알았다면 난 여기서 식료품점을 운영했을 거야. 멕시코에서처럼 말이다. 네가 네 소유의 사업을 하게 된다면 너는 다른 사람을 위해서 일을 할 필요가 없단다."

나는 그날 저녁에 아버지의 말씀에 대해 어떻게 대답을 했는지 지금도 또렷이 기억하고 있다. 내 대답은 아무런 정리된 생각 없이 곧바로 나왔다.

"아빠, 저는 저만의 사업을 할 생각이에요. 하지만 우선은 대학에 진학해서 컴퓨터에 대한 공부를 하고 싶어요. 하지만 그렇다고 해서 언제까지나 컴퓨터 관련 분야에서만 일하지는 않을 거예요. 일단은 컴퓨터 센터의 매니저가 될 때까지만 그 분야에서 일을 할 거예요. 그 다음엔 선생님이 되어 히스패닉(미국 내에서 스페인어를 쓰는 라틴 아메리카계 시민—역자 주)에게 교육을 받을 기회를 주고 싶어요. 그렇게 그 일을 몇 년 한 다음에, 비로

당신의 에너지에 플러그를 꽂아라

소 저는 저 자신을 위한 비즈니스에 본격적으로 뛰어들고 싶어요."

어느덧 38년 전의 일이다. 생각해 보니, 그때 내가 아버지에게 말씀드린 내용에 비춰 보면 정확히 3분의 2는 꿈을 이룬 것 같다. 그리고 그 나머지 3분의 1은 지금 현실로 이루어 가고 있는 중이다. 나는 지금, 내가 발전시켰던 새로운 꿈이 현실로 이루어질 것이라 생각한다. 내가 지나온 과거가 그렇게 될 거라는 미래의 사실을 내게 가르쳐 주었으니까.

나는 하트넬 커뮤니티 칼리지에서 컴퓨터과학을 전공하여 학위를 받고 졸업한 후, 1974년에 모교를 첫 직장으로 하여 그곳에서 컴퓨터 오퍼레이터로 일을 시작하였다. 직장 생활을 하면서도 나는 꾸준히 나 자신을 위한 교육에 힘썼다. 그러는 가운데 나는 승진에 승진을 거듭한 후, 1982년에 컴퓨터 센터의 매니저가 되었다. 아울러 나는 내가 소속되어 있는 대학의 교육 홍보와 히스패닉의 대학 입학 선발에 관계된 일을 하게 되었다. 그리고 한동안 영어와 스페인어로 컴퓨터 교육 과정을 맡아 가르쳤다. 전임 교사와 카운슬러가 되는 것에 줄곧 강한 관심을 가지고 있었던 나는 그 실현을 위해 내 나름대로의 노력을 전개하였다. 그 일환으로 나는 대학원에 진학하여 학위를 취득했으며, 1988년에 카운슬러 겸 강사로서 엘파소 커뮤니티 칼리지에 정식으로 채용되었다.

나는 내가 지금 하고 있는 일을 사랑한다. 나는 이 일을 지난 16년 동안 해 왔으며, 물론 지금도 그 일을 처음 시작했을 때와 같은 정도의 기분과 설렘을 유지하면서 계속 일하고 있다. 나는 내가 하고 있는 일에서 행복과 만족감을 느낀다. 내가 컴퓨터 관련 분야를 떠난다고 했을 때, 그곳에서 나는 더 높은 위치로 올려 주겠다는 제안을 받았었다. 하지만 나는 스스로가 떠날 때가 되었다는 것을 알고 있었다. 지금 생각해 봐도 잘한 결정이었다는 생각이다. 나는 수많은 학생들과 교류하면서 정말 의미 있는 긍정적인 차별점을 찾을 수 있었다.

당신의 꿈도 실현될 수 있다. 이를 위해서 당신은 웨인 다이어가 늘 강조하는 '긍정적 의도'를 창조해 낼 필요가 있다. 이 의도는 당신의 삶에서 매우 의미 있는 어떤 사람이나 대상과 서로 연결될 필요가 있다. 왜냐하면 그렇게 됐을 경우 당신은 자신이 설정한 누군가와, 혹은 어떤 대상과 무척이나 강한 유대감이나 연대감을 느끼게 될 것이기 때문이다. 그 다음엔 스스로에게 이렇게 말하는 것이다. "내 의도는 이것이다"라고 말이다. 그러면 당신의 마인드는 그것을 기록하게 된다. 그렇게 되면, 당신의 마인드는 당신 자신이 이미 설정해 놓은 그 모델(어떤 인물 또는 대상)이 위치해 있는 방향으로 당신을 움직이게 할 것이다. 당신이 의식하지 못하는 순간에도 말이다. 이제 당신의 바람이나 소망을 구체화하라. 그리고 그 바람이나 소망을 당신이 소중하게 생각하는 사람에게 말하고, 그것을 공공연히 당신의 의도나 목적으로 전환하라.

내 아버지와 어머니는 이기적인 분들이 아니었다. 아버지는 아무런 대가를 바라지 않고 종종 생활이 어려운 동료들에게 점심 도시락을 건네곤 하셨다. 그뿐만 아니라 함께 일하는 사람이 나름대로 최선을 다해 부지런히 일은 했지만 어쩔 수 없는 상황으로 작업의 속도가 나지 않을 경우엔 당신의 시간을 쪼개어 그를 도와주곤 하셨다. 사실, 그런 일이 아버지에게 자주 있다는 얘기는 그만큼 아버지가 남들보다 많은 돈을 벌진 못한다는 것을 의미하기도 한다. 그리고 어머니는 새 신발을 사서 가난한 이웃들에게 나눠 주곤 하셨다. 물론 우리가 신는 신발이 크게 헐거나 닳아 떨어지지 않고 제 모양새를 지니고 있을 경우에 말이다. 그처럼 나는 소중한 삶의 가치를 내 부모님으로부터 배웠다. 그리고 최선을 다해 그 가치를 실천으로 옮겼다. 나는 보다 편리한 삶을 살아가기를 원하는 사람들에게, 그리고 삶이나 사업에 있어서 보다 나은 성공을 이루기를 원하는 사람들에게 내가 간직하고 있는 삶의 가치와 그것을 기반으로 살아가는 방식을 가르쳤다. 당신이 무엇을 하든, 그 일은 다른 사람에게 유익한 일이어야 한다. 도움이 되는 일이어야 한다. 그리고 다른 사람을 돕는 일이 결국은 당신 자신의 삶을 개선하고 발전시킨다는 것을 유념해야 한다.

나는 서비스 정신을 최우선으로 하여 고객과 직원들을 위해 늘 최선을 추구해 오고 있다. 내 이력은 대성공이다.

보다 행복하고 보다 충만한 삶을 살기 위해서는 우리의 상상력에 날개를 달아 줘야 하며, 우리의 꿈이 우리의 마인드에 다가갈 수 있도록 해 줄 필요가 있다는 것을 나는 깨달았다. 우리의 뇌리에 자주 떠오르는 꿈은 우리가 따라야 할 꿈이다. 당신의 직관에 귀를 기울이고 그것을 따라라. 계획을 세우고 그것을 직접 펜을 들어 적어 보라. 자고이래로 수많은 현자들이 늘 언급해 온 것처럼 목표와 대상, 그리고 데드라인을 정해야 한다. 하지만 그것들은 모두 가이드라인에 불과하다는 것을 명심하라. 당신의 계획을 당신의 종교로 만들지는 마라. 하나님께 모든 것을 맡기고 하나님의 뜻대로 이루어질 수 있도록 하나님께 의탁하라. 당신에게 필요한 것은 의도와 목적을 구상해 내고, 당신에게 가장 가깝고 소중한 관계로 연결되어 있는 그 '모델'에게 당신이 구상해 낸 의도와 목적을 고告하는 것이다. 우리에게 꿈을 허락해 주신 하나님께 우리의 꿈을 고할 때 우리는 가장 강력한 의도와 목적을 이끌어 낼 수 있다는 것을 내가 직접 깨달았기 때문이다. 당신은 일단 자신의 의도와 목적을 그 누군가에게 고하라. 그리고 당신의 최상의 의도와 목적을 기본으로 하여 이기적이지 않은 자세로 최선을 다해 열심히 일하라. 그러면 당신의 꿈은 현실로 변해 당신 앞에 실현되어 나타날 것이다.

또 하나의 의술

∶ **샤론 모로우** Sharon Morrow
육체와 정신의 균형과 교류를 통한 건강을 추구하고 있다.

영원 속의 순간은 하나의 강력한 인식의 조각이다. 사고, 감정, 그리고 상상에 대한 과거의 극한은 순간 속에서 모두 종료된다. 그리고 새롭게 흥분되는 극한은 실현을 통해서 명쾌함을 낳는다. 그리고 새로운 삶은 불씨가 사그라지는 잿더미 속에서 새롭게 거듭 탄생한다. 마치 불사조와도 같이 새롭게 태어난 삶은 다시 일어나 형형색색의 화려한 날개를 달고 지상에 천국을 건설한 당신의 신성한 자아와 보다 고차원적인 떨림의 세계로 당신을 인도할 것이다.

실제로 그런 일이 내게 일어났다. 그리고 신비하게 전개되는 삶을 받아들이기만 하면 아직도 그런 일은 계속 일어나고 있다. 내가 창조해 내는 끊임없는 순간들, 그리고 과거나 미래에 대한 두려움 없이 내가 현재 받아들이고 있는 각각의 '지금' 은, 내가 사랑하는 삶을 현실 속으로 고스란히 이끌 수 있도록 해 주고 있다. 그럼 일단 나와 함께 '영원 속의 순간' 으로 들어가 보자.

1998년에 나는 간호사가 되었다. 그런데 그때부터 나는 내 삶과 내 환자들 속에서 키워 왔던 무기력함의 일면을 경험하기 시작했다. 그리고 그것은 현실이 되어 내 앞에 나타났다. 환자들의 대다수가 의사나 간호사의 치료를 받으면 오히려 더 고통을 겪는다는 사실을 알게 된 것이다. 나는 그 상황에서 내가 앞으로 계속해서 현대 의학 기술을 통해 환자들에게 더 큰 고통을 줘야 할지 아니면 다른 방식으로 그들에게 도움을 줘야 할지를 고민하였다. 엄청난 갈등의 무게가 나를 짓눌러 내렸다. 내 갈등은 점점 더 첨예화되어 갔다. 그래서 나는 곧바로 이러저러한 일로 힘이 드니 그만 일을 정리하고 사직해야겠다는 의사를 밝혔다. 그렇게 해서 나는 또 다른 직업의 선택을 위한 나 자신만의 공간을 가질 수 있었다. 그런데 바로 그 즈음, 신문 광고 하나가 우연히 눈에 들어왔다. 일반 현대 의학이 아닌 전체관적 의학을 통한 힐링 센터를 개원하고 거기서 공부할 수강생을 모집하는 광고였다. 그 후 나는 그 힐링 센터의 첫 수강생 중 한 사람이 되었다.

무엇보다도, 천사, 요정, 그리고 마술 등이 약물과 외과 수술 등의 최첨단 기술로 이루어지고 있는 의술보다도 더 나은 치료법으로 받아들여지고 있다는 사실이 내게는 참으로 놀라울 따름이다. 하나의 믿음 체계가 무

당신의 에너지에 플러그를 꽂아라

한한 가능성과 잠재력을 제공하고 있는 것이다. 이를테면, 그 치료법의 성공은 환자들이 자기 자신은 물론 자기 자신보다도 더 큰 어떤 힘에 대한 확고한 믿음을 가지고서 두려움을 극복한다는 것에 근거하고 있다. 과거에 나는 현대 의술을 통해서 건강을 회복할 수 있다는 소망을 가지게 되기는커녕 육체적 · 정신적 · 정서적 차원에서 그들을 오히려 허약한 불구자로 방치하는 그런 처방 치료를 제공받음으로써 더 큰 고통을 겪는 환자들을 지켜보았다. 이런 상황에서 내가 새로이 접하게 된 치료 유형은 평범한 삶을 위한 내 열정에 신선한 활기를 불어넣어 주었다. 우선 나는 우리 몸에 나타난 질병과 불균형의 원인을 치유하기 위한 효과적인 요령에 대해서 소개를 받았다. 이를테면, 치유에 동반되는 요법들로, 음식물, 에너지 의학, 음악, 명상, 중국 약초의학(한방), 마사지, 양자물리학, 채널링(영계靈界 등과의 연락), 세타theta 힐링, 의학적 직관, 그리고 그 외에도 더욱 다양한 것들이 있었다.

어느 날이었다. 아니, 영원 속의 어느 한 순간이었다. 한 통의 전화가 걸려 왔다. 나의 새로운 사고방식을 전적으로 허락한다는, 완전히 뜻밖의 선물이었다. 뿐만 아니라 아직까지도 내 의식의 한 자락을 움켜쥔 채 놓지 않고 있던 하나의 시스템으로부터 나를 완전히 해방시키는 그런 선물이기도 하였다.

전화를 걸어온 친구가 말했다.

"샤론, 내가 방금 어떤 남자하고 얘기를 나눴거든. 사람들은 그를 '크리스털 키퍼Crystal Keeper' 라고 부르지. 그런데 그 사람이 대뜸 나한테 묻는 거야. 혹시 샤론이라는 사람을 아느냐고. 그래서 그렇다고 했지. 그랬더니 이번엔 또 이렇게 말을 하는 거야. 되도록이면 너한테 당장 전화를 걸어서 얘기를 해 주라는 거지. 만일 네가 이 ‘우주’와 친교를 맺지 않아 죽어 가는 것이 아닌 살아 있는 것으로부터의 가르침을 얻지 못한다면 6개월 후엔 네 몸이 암투성이가 될 거라는 얘길 말이야. 정말 황당하고, 또 신기한 일 아니니?”

나는 놀라 기절하는 줄 알았다. 정말 순간적으로 어안이 벙벙하여 아무 생각도 들지 않았다. 대체 수백 킬로미터나 떨어진 곳에 있는 사람이, 그것도 단 한 번도 만나 본 적이 없는 생판 모르는 사람이 앞으로 위험에 빠질 수 있다는 내용의 메시지를 나한테 전달해 올 수 있는 것일까? 하지만 나는 알고 있었다, 그의 말이 옳다는 것을. 안 그래도 이미 나는 내 왼쪽 가슴에 종양이 있다는 사실에 신경을 써 오고 있던 터였다. 내 몸속의 종양이 자라면서, 그리고 그 통증 또한 시시각각 더해 가면서 여러 달 동안 내 존재를 위협하는 것에 대해 나는 의식적으로 경계를 해 오고 있던 터였으니까.

나는 의사를 찾아갔다. 빠른 속도로 성장해 가고 있을 위협적인 암세포 조직에 대한 확실한 진단을 받기 위해서였다. 그는 다음 날 외과의사와 함께 방문 일정을 잡자고 내게 말하는 것이었다. 그래서 나는 그를 보고 힘주어 말했다.

“지금 몸속에서 암세포가 자라고 있다고요. 그냥 그렇게 자라게 내버려 둬야 한다는 건가요? 한시라도 빨리 막아야 하는 것 아닌가요?”

그러자 의사가 이렇게 말하더군요.

"그렇다면 나는 하나님을 믿겠습니다!"

그로부터 1년 후, 나는 몸속의 종양을 거의 완벽하게 퇴치하고서 그를 찾아가서 1년 전에 그가 내게 했던 말을 상기시켜 주었다.

그 1년 전, 나는 의사 진료실에서 내가 알고 있던 세상 밖으로 걸어 나왔다. 그리고 이전에 한 번도 경험해 보지 못했던 무한하고 끊임없이 펼쳐지며 전개되는 미스터리한 삶의 방식에 몰두하였다. 나는 이 우주에다 대고 소원을 하나 빌었다.

"어떤 방식으로든 내 몸속에 있는 이 암을 치유하는 데 필요한 도구와 지식과 사람을 제게 허락하여 주소서."

이후 내 소원은 그대로 이루어졌다.

내 치료 여정은 암으로부터 나 자신을 치유하는 것에 관한 것만은 아니라는 것을 나는 알고 있다. 내 치료 여정은, 내가 영적으로 새로이 태어난 여정이기도 하다. 잠들고, 그 다음엔 누군가가 툭툭 쳐서 깨어 일어나고, 다음엔 누군가로부터 한 대 찰싹 얻어맞고, 그런가 하면 또 누군가로부터 차가운 물벼락을 한 번 맞는 등의 일들은, 당신이 운명에 눈을 뜨고, 그 무엇과의 성스러운 교류를 하는 데 있어서 당신의 눈을 열어 주는 필수적인 절차가 되기도 한다. 그러니 일단 당신은 모든 길에 눈을 열어 두어라. 당신은 절대 똑같은 방식으로 잠자리에 들 수가 없다. 어디 그뿐인가. 당신은 절대 똑같은 꿈을 다시 꿀 수도 없다. 당신은 이제 의식이 있는 존재이다. 당신은 이제 보다 성스러운 존재, 성스러운 자아, 혹은 어떤 창조물과 개별적인 교통을 하면서 자신의 파워 영역안으로 걸어 들어갈 수가 있다.
부디 당신이 목적이 있는 삶을 살아가게 되길 기원한다.

진정한 자아

∶ **엘리자베스 아이헨바움** Elizabeth Eichenbaum

컨설턴트, 뉴욕 대학 심리학 학사

20여 년간 점성학에 대한 연구를 해 오고 있다. 뉴욕

세상을 살아가다 보면 적어도 한 번쯤은 우리 자신을 영원히 바꿔 놓게 되는 결정적 순간을 맞이하게 된다. 내 경우엔, 스물둘의 나이에 찾아왔다. 점성학 수업 시간이었다. 당시 나로서는 정말 놀라지 않을 수가 없었다. 그야말로, 이제 앞으로 인생을 어떻게 살아가야 하는 것인가, 하는 적잖은 혼란을 떨칠 수가 없었다. 하지만 나는 내 안에서 나 자신을 강하게 밀어붙이는 그 어떤 것을 느꼈다. 나를 한층 거듭나게 하려는 어떤 힘을 느꼈던 것이다. 그러나 솔직히 변화에 대한 두려움이 앞섰다. 자신감도 부족했다. 그런데도 내 의식을 붙드는 더 강력한 힘이 나

를 지탱하고 있었다. 나는 그 힘에 맞서 매일같이 투쟁을 벌여야 했다.

　당신이 필요로 하는 시점에 당신이 필요로 하는 것을 이 우주가 가져다 줄 수 있을까? 만일 그렇게 된다면 그것은 정말 흥미로운 일이 아닐 수 없을 것이다. 점성학 수업 첫 시간에 나는 점성학이라는 하나의 거대한 몸체에 대한 의미, 방법, 그리고 그 체계에 대해 어렵지 않게 이해하고 있는 나 자신을 발견하게 되었다. 그 넓고 깊은 정보에 대해 그렇게 쉽사리 이해하고 있다니, 나 스스로 생각해 봐도 놀라울 정도였다.

　점성학이 한 인간의 내재된 능력과 자연적인 힘을 표면으로 이끌어 내기 위해 어떻게 활용되고 있는지에 대한 이해가 강의 첫 시간에 있었다는 것은 참으로 위대한 발견이 아닐 수 없었다. 치료요법사가 1년 정도 후에나 터득하게 해 줄 수 있는 정신적인 활동이나 작용에 대한 지식 정보를 나는 단 한 시간 만에 터득하고, 그 강력한 도구가 내 안에 있다는 사실을 깨닫게 된 것이다. 순간 나는 벅찬 기쁨에 사로잡혔다. 이어 나는 나 자신에 대해 스스로 그렸던 한정된 그림을 초월할 수 있었다. 또한 새로운 가능성의 물결을 타게 된 나는 점성학에 대해 더 알아야겠다는 끓어 넘치는 욕망과 내 개인적인 발전을 위해 그것을 어떻게 활용해야 할 것인가에 대한 구상이 봇물 터지듯 내 의식 속으로 밀려들어 오는 것을 느꼈다.

　그 순간부터 점성학적인 통찰과 함께 그것이 내 개인적인 성장과 발전을 위한 강력한 채널이 될 수 있을 것인가에 대한 탐색의 열정이 나를 사로잡았으며, 그 열정은 곧바로 내가 전문적인 점성가가 될 수 있도록 강한 영감을 불어넣었다. 다른 사람들이 각자 자신의 무한한 가능성을 일구어

　　　　　　　　당신의 에너지에 플러그를 꽂아라

낼 수 있도록 도와주는 것이 바로 내 인생의 목적이다. 나를 찾아오는 수많은 사람들은 각자 나름의 더 크고 위대한 목적을 추구하고 있다. 컨설팅을 하는 점성가로서 나는, 나를 찾아오는 고객들과 함께 그들의 별점에 담긴 신성한 메시지를 풀어 해석하고 있다. 그러다 보면 이전에는 정말 단 한 번도 생각해 보지 못했던 전혀 새로운 가능성의 길이 열리는 것을 경험하게 된다.

점성학에 대한 통찰의 미美는 자기 인식에 대한 깊은 변화이다. 탄생의 정확한 순간에 우주의 행성이 어떤 위치에서 어떻게 정렬하고 있었는지를 살피는 점성학적인 탄생의 차트는 당신 각자의 독특한 개성 패턴과 자신에게 내재된 강점과 약점을 나타내 주는 데 있어서 큰 설득력을 지닌 하나의 성스러운 체계이다. 가장 중요한 것은, 당신의 탄생 차트의 상징적 언어는 당신의 인생의 목적을 해석하여 당신에게 권한과 능력을 부여하고 인생의 방향을 바로잡도록 해 줄 수 있다는 사실이다. 그것이야말로 당신의 자아를 한 차원 더 높은 경지로 끌어올려 당신이 당신만의 진정한 자아의 실현을 위한 연결 고리가 되는 훌륭한 골격이라 할 수 있다.

당신은 자신의 진정한 자아를 어떻게 인지하고 있는가? 삶의 경험에서 오는 의미를 찾고, 또 그것을 성장시킬 수 있도록 당신을 이끄는, 당신 자신의 내부에서 흘러나오는 목소리는 당신의 진정한 자아를 확인시켜 주는 매우 확실한 기호이다. 만일 당신이 자신의 진정한 자아와 잘 어우러져 조화를 이룬다면 당신에게 이루지 못할 것은 아무것도 없다. 당신의 내부

에서 울려 나오는 그 목소리에 담긴 지혜에 복종하라. 그리고 그것을 당신
의 성스러운 가이드로 삼아라. 이것이 바로 당신이 목적 있는 삶을 사는
하나의 열쇠이다.

실제의 매력

: **브래드 베르너** Brad Werner

베르너 트레이닝 앤 컨설팅 Werner Training and Consulting, Inc. 에서
컨설팅과 컴퓨터 네트워크 트레이닝을 하고 있다.
관련 분야의 전문적인 서적 외에 시집도 발표한 바 있다.

지금으로부터 5년 전, 나는 거의 매주 각기 다른 장소에서 컴퓨터와 네트워킹, 그리고 그와 관련된 인터넷 보안 체계 등에 대한 내용의 강의를 하러 분주히 움직였다. 관련 영역 내이긴 했지만 그래도 늘 새롭게 만나는 수강생들, 그리고 늘 새로이 접하게 되는 강의 주제를 통해서 나는 무척 보람을 느꼈다. 그렇기 때문에 나는 꾸준히 그리고 즐겁게 수강생들을 대상으로 컨설팅을 하고, 또 그들을 대상으로 트레이닝을 할 수 있었다. 뿐만 아니라, 소프트웨어 개발 회사와 함께하는 시간도 내게는 무척 신나는 순간이 아닐 수 없었다. 내 삶은 그렇게 좋게만 보였다.

나는 그저 행복하게만 느꼈다.

　당시 내게는 하나의 비전이 있었다. 그것은 나를 잠에서 흔들어 깨워 주는 하나의 경고 불빛과도 같은 것이었다! 나는 사전에 계획하지 않은 몇 가지 주요한 삶의 변화를 경험하였다. 이를테면, 사업 파트너와의 결별이나 여자 친구와의 결별 같은 것들이 그에 해당한다고 할 수 있겠다. 이런 변화들을 인지한 후, 나는 눈물을 머금고 한 가지 결심을 하게 되었다. 먼저 나는 창고 속에 처박아 두었던 키보드를 꺼내어 그것을 두드리면서 하루 온종일을 '허비' 하였다. 그리고 그날을 마무리할 무렵, 나는 생전 처음으로 파워북과 전자 악기 소프트웨어를 활용하여 CD를 한 장 만들었다. 음악에 있어서 아마추어에 불과한 나로서는 정말 놀라운 일이었다. 내 결심은 전문적인 음악가가 되는 것이 아니라, 그저 즐기기 위한 시간을 갖는 것이었다. 그 시점으로부터 새로운 가능성들이 계속해서 여기저기서 나타나는 것 같았다. 그 이후 나는 지금까지도 내 가슴과 눈을 열어 놓고 있다. 언제나 그 새로운 가능성들을 보기 위해서이며, 또한 볼 수 있기 때문이다.

　음악은 하나의 씨앗이고 불꽃과 같은 활기였다. 그로부터 몇 년 후, 나는 처음으로 시를 쓰기 시작했다. 그리고 그때부터 나는 그동안 이러저러한 이유로 거리를 두고 살았던 가족과 친구들을 찾아 다시 연락하기 시작했다. 나는 영기 요법 전문가와 목사가 될 생각을 가지고 나름대로의 훈련을 통해 다른 사람들의 목소리에 귀를 기울이고 그들과 공감대를 형성하려는 수행을 하였다. 그런데 그렇게 하다 보니 이전에 지니고 있었던 관심

당신의 에너지에 플러그를 꽂아라

들에 대해서는 소홀히 하게 되는 것 같았다. 그래서 나는 가까운 곳에 있는 건강식품 상가에 개설된 요가, 타이지태극, Tai Chi, 명상 등의 강의를 듣기 시작했다. 그런 강의들은 나 자신은 물론 내 중심을 제대로 발견할 수 있도록 도움을 주었으며, 빠른 속도로 내게 많은 변화들을 가져다주었다. 이미 나는 나 자신이 새로워지고 있다는 기분을 느꼈으며, 그러한 내 삶의 새로운 단면들을 통해서 더 많은 재미있는 사람들을 만나게 되었다. 그중에서도 가장 놀라운 것은, 내가 아름다운 젊은 여인을 만났는데, 이런 여인을 만났으면 하고 그동안 수없이 생각했던 그런 여인이라는 사실이었다. 마침내 우리는 2001년, 어느 아름다운 열대 정원에서 약혼을 하고, 2003년에 드디어 드넓은 대양을 바라보며 결혼식을 올렸다.

그때도 나는 여전히 전국 방방곡곡을 돌아다니며 강의를 하고 있었다. 그러다 보니 자연히 사랑하는 가족과 떨어져 지내야 하는 날이 많았다. 특히 태어나서 처음으로 만난 아빠와 함께 있어야 하는 어린 아들과 말이다. 나는 아들에게 침대 맡에서 동화책도 읽어 주고 등과 엉덩이도 토닥토닥 두드려 주고 싶었다.

그때 가상 수업이라는 기회가 다가왔다. 그러나 매주 35시간 동안 인터넷을 통해 기술적인 훈련을 시키는 그 강의의 실제적인 가치에 대해 나는 꽤나 냉소적이었다. 그리고 적지 않은 의문을 품었다. 나는 그런 식으로는 단 한 시간도 수강생들의 주목을 끌지 못할 거라는 생각에 두렵기까지 했다. 우스꽝스런 몸짓과 다이내믹한 무대 매너의 연출에 크게 의존하고 있는 나로서는 그럴 수밖에 없었으며, 그런 상황에서, 학생들을 직접 대면하지 않고 가상 수업을 하게 되었을 때 언제까지 그 수강생들을 지켜 낼 수 있을까 하는 의구심마저 강하게 들었던 것이다. 그러자 나는 더욱더 온갖 두려움과 불확실성, 그리고 스스로에 대한 불신의 늪에 빠져들었다. 나는 내 능력을 믿을 수가 없었으며, 학생들이 내 강의를 계속 듣게 될까 하는 점에 있어서도 아무런 확신이 없었다. 그리고 가상의 강의실 공간에서 나와 학생들 사이에 커뮤니케이션이 효율적으로 이루어질까 하는 부분에 대해서도 의문이 생겼다.

나는 수강생들로 가득 찬 가상의 강의실을 떠올려 봤다. 그러나 그것도 내겐 정말 겁나는 일이었다. 그들이 혼자 하는 카드 놀이인 솔리테어를 하거나, 멍하니 화면만 뚫어져라 쳐다보는 것은 아닌지, 또 수강료 환불을 요청하거나 강의를 경청하며 들었다가 난해한 질문만을 퍼부을 생각만 하는 것은 아닌지, 이러저런 생각을 하다 보니 정말 아무 생각이 없어졌다. 그래서 나는 뭔가 고차원적인 기술을 동원해 보려고 노력을 하였다. 두 눈을 감고 영기 요법을 스스로 주문하였다. 그러면서 스스로에게 치유 에너지를 보내고, 마음속으로 명상을 하고, 또 기도를 하였다. 지금의 강의 방식이 직접 얼굴을 마주하며 하는 방식보다 더 좋을 수도 있다는 생각을 하면서 말이다. 내가 할 수 있는 것이라곤 오직 믿음뿐이었다. 마침내 나는 학생들이 내 명상과 기도와 바람대로 될 수 있다는 느낌을 갖기 시작했다. 그래서 지금까지 50주가 넘게 실시간 온라인 강의로 학생들을 가르쳐 오고 있다. 지금은 많은 학생들이 강의를 반복해서 들으며 그들 나름대로의 의견도 꾸준히 올리고 있다. 이제는 내가 더 이상 두려워할 필요가

당신의 에너지에 플러그를 꽂아라

없게 되었다는 것을 편안히 말할 수 있을 것 같다.

현재 내가 사랑하는 삶을 살아가고 있다는 한 가지 증표는 하루도 빠짐 없이 매일 일정 시간 동안 내 자아, 나 자신, 그리고 내 가족에 대한 명상을 하며 보내고 있다는 사실이다. 이것은 내 삶의 다른 부분에 대해서도 역시 어떠하다는 것에 대한 충분한 증거가 되지 않겠는가? 가상의 강의실을 통해서 나는 하루하루 더 많은 것을 배워 가고 있다. 무한한 가능성의 바다에서 방향키를 제대로 잡고 항해를 바로 할 수 있다는 의도나 목적의 힘을 신뢰하게 되면서 나는 정말 많은 깨달음을 얻으면서 스스로도 놀라고 있다.

4년 전까지만 해도 나는 일상에서 기쁨과 즐거움을 찾는다는 것은 불가능하다고 믿었다. 아니, 그런 생각이 내 머릿속을 가득 채우고 있었던 것은 아닌가 하는 생각이 든다. 그러나 그 이후로 나는 모든 놀라운 가능성을 직접 체험해 오고 있다. 잠에서 깨어나면서 나는 여러 가능성이 열리기 시작했다는 것을 깨달았고, 그리고 2월에 활짝 꽃망울을 터뜨리는 꽃송이처럼 실제로 모든 가능성들이 터져 나오기 시작했다.

무엇보다도 가장 중요한 것은 꽃은 영구히 계속해서 피어난다는 사실이다! 나는 내 마음의 문을 열어 그 안에 있는 무한한 가능성을 믿기만 하면 되었다.

33

발리섬의 화이트 매직
: 옐로우뱀부닷컴

: **앨빈 도노반** Alvin Donovan

저자, 컨설턴트

분명 나는 지금 내가 사랑하는 삶을 살고 있다. 하지만 그렇다고 해서 과거에도 항상 그랬던 것은 아니었다. 어느 순간 보니 나는 세계의 최고 연사나 컨설턴트 중 한 사람이 되었다. 『바로 지금 더 많은 돈을 벌어라 Make More Money NOW』라는 베스트셀러를 낸 적도 있었다. 이 책은 많은 사람들에게 '나도 성공할 수 있다' 는 자신감을 심어 주는 책으로 회자되기까지 했다. 나는 1,500회 이상 라디오와 텔레비전 프로그램에 출연했으며, 세계에서 가장 큰 규모의 여러 경영 연수원의 연사 멤버였다. 또 포춘 Fortune이 선정한 '500대 기업' 의 톱 CEO들을 대상으로 컨설팅을 하였다.

　그러나 내 삶에서 잃은 것도 있다. 아내에게 심각한 질병이 있다는 사실을 알게 된 것이다. 그래서 우리 부부는 그것으로부터 하루라도 빨리 벗어나야겠다는 생각으로 하나의 복안을 구상하게 되었다. 그 일환으로, 우리는 발리에 있는 버려지다시피 한 해변의 땅 한 자락을 매입하고 거기에다 우리의 새로운 보금자리를 마련하였다. 그동안 우리가 꿈으로만 그려 보던 멋진 집을 하나 새로 지은 것이었다. 그 덕분이었는지, 정말 감사하게도 아내는 건강을 말끔히 회복하였다. 발리에서 나는 대부분의 사람들이 오로지 꿈속에서나 그려 봄 직한 그런 삶을 지금 살아가고 있다.

　지금도 그렇지만, 발리에서 나는 발리 섬의 화이트 매직이나 옐로우뱀부닷컴의 무한한 파워를 발견하였다. 옐로우뱀부닷컴은, 이미 널리 알려진 바와 같이, 개인적인 발전을 위한다는 목적을 지니고 있다. 실제로 이곳에서 제시하고 있는 방식을 몸소 실천에 옮기고 있는 사람들이 무려 3만 명이 넘는다. 옐로우뱀부닷컴의 주요 목표는 각 개개인들이 저마다 자신을 계발하고, 영적인 질병을 치유하며, 자신을 보호하고 지키는 것이다.

　나는 옐로우뱀부닷컴에서 교육을 할 수 있는 자격을 획득한 최초의 서양인이 되었다. 그리고 지금은 이곳을 통해 다른 사람들을 돕는 데 내 삶을 헌신하고 있다. 나는 과거 20년이 넘도록 요가와 명상을 가르치는 선생님이었다. 심지어 샌디에이고에서는 하나의 영적 공동체ashram를 운영하기도 했었다. 요가와 관련하여 항상 나를 괴롭혔던 것은 반드시 자아실현을 해야 한다는 목표였다. 하지만 실제로 '평범한' 상황에서 자아실현을 한다는 것은 쉬운 일이 아니었다. 아니, 실제로 그런 경우에 자아실현을 이룬 사람을 한 사람도 본 적이 없었다.

그러나 옐로우뱀부닷컴은 완전히 다르다. 10년 동안 요가나 명상을 했다고 치자. 여기서 중요한 것은 그 시간이 아니다. 10년이 아니라 단 한 달 만에 당신은 그 이상의 것을 계발할 수가 있다. 실제적으로 가장 중요한 것은 파워이다. 그렇다. 나는 불에 달군 뜨거운 돌판 위를 맨발로 걸은 사람들을 많이 알고 있다. 그들은 모두 자신만의 파워를 익힌 사람들이다. 그것은 정말 쉬운 일이 아니다. 그들은 지금 또 다른 큰 어떤 것을 찾고 있다.

옐로우뱀부닷컴과 함께 당신은 자신이 지니고 있는 엄청난 파워를 계발할 수 있다. 그 파워는 다른 사람들과의 경쟁에서 당신이 그들을 물리칠 수 있는 파워인 동시에 심각한 질병으로 고생하고 있는 다른 사람들을 치유할 수 있도록 해 주는 파워이다. 옐로우뱀부닷컴 사이트엔 실제로 그런 사례를 담은 비디오가 많이 소개되고 있다. 불에 달군 뜨거운 돌판 위를 걷는다는 것은 당신의 내부에서 진행되고 있는 여러 가지들을 다스릴 수 있다는 것을 의미한다. 하지만 옐로우뱀부닷컴의 파워는 당신이 당신 외부에서 진행되고 있는 것들까지도 아울러 다스릴 수 있도록 해 준다!

바라고 원하는 삶을 살아가면서 거기에서 내가 가장 즐기는 것은 내 제자들의 삶에 빠르고 중요한 변화를 가져다주는 데 중요한 역할을 해 주고 있는 옐로우뱀부닷컴의 비디오에 담겨 있는 가르침들이다.

현재 나의 사명은 발리 섬의 화이트 매직의 독창적인 파워를 학생들에

　　　　　당신의 에너지에 플러그를 꽂아라

게 가르칠 수 있게 되기를 원하는 사람들을 찾아내어 그들로 하여금 서구
세계에 새로운 활력을 불어넣어 주는 것이다.

소울 어페어

: **재니스 프로츠** Janice Froats

라이프 코치, 캐나다

대가들도 한때는 좌절과 실패를 경험했다고 한다. 지금으로부터 1년 전쯤에 처음으로 이 말이 내게 새삼 큰 울림으로 다가왔다. 마치 무언가로부터 큰 약속이라도 얻어 낸 듯한 기분이었다. 그 당시 나는 정신적으로 크게 동요하고 있었으며, 정서적으로도 거의 공황 상태에 빠져 있었다. 그러나 내 영혼에 와 닿는 희미한 속삭임은 고통을 겪고 있던 나에게 큰 목적의식을 불어넣어 주었다.

전남편과 헤어진 나는 이제 겨우 걸음마를 떼는 두 아이를 양육하고 있었으며, 뱃속에는 한 유부남의 아이를 임신하고 있었다. 나는 그 남자를

당신의 에너지에 플러그를 꽂아라

무척 사랑했다. 그런데 나의 임신 사실을 안 그 남자는 나와 헤어져 다시 자기 부인에게로 돌아가야겠다고 말했고, 나는 깊이 고민하지 않을 수가 없었다. 태어나지 않은 뱃속의 아이를 지우거나, 전남편의 아이들을 포기해야만 했다. 절망에 빠진 내 삶의 언저리에 자살이라는 두 글자가 어른거렸으며, 그로 인한 슬픔은 정신을 혼미하게 만들었다.

고통은 이제 내가 견뎌 낼 수 있는 한계치를 점차 넘어서고 있었다. 나는 바닥에 털썩 주저앉아 하나님께 도움을 청했다. 내게 은총을 내리시어 나를 바로 인도해 달라고, 내게 지혜를 허락해 달라고, 그리고 그런 상황을 잘 헤쳐 나갈 수 있는 용기를 달라고 간절히 기도하였다. 그 순간부터 나는 내 삶을 하나님께 맡기고 그의 가르침대로 따르기로 마음을 먹었다. 그렇게 내 생각과 의지가 바뀌면서 내 삶도 바뀌어 가기 시작했다. 나는 당시의 상황을 내가 영적으로 성장하여 보다 성숙해지고, 주위를 사랑하게 되는 기회의 발판으로 삼기로 했으며, 그와 관련한 모든 책임을 내가 지기로 하였다.

나는 인생의 희생자로서의 길을 택하기보다는, 왜 그런 상황이 벌어지게 되었는지에 대해 나보다도 더 정확하게 잘 아시는 하나님의 시선으로 당시의 상황을 볼 수 있게 되기를 간절히 기도드렸다. 그러면서 나는 내게 상처를 주고, 나를 헌신짝처럼 버린 사람들에게서 받았던 은혜와 감사를 돌아보기 시작했다.

나는 한때 사랑했던 전남편을 향한 분노와 후회의 감정을 계속해서 쌓아 두는 대신, 나를 변하게 해 준 그의 도움에 감사의 눈물을 흘렸다. 과거에 그는 분명 천사의 탈을 쓰고 내 가슴을 열고 들어와 그곳을 무참히 짓밟고 나간 사람이었다. 그러나 어쨌든 그는 내게 사랑이 무엇인지를 가르쳐 주고, 내 안에 있는 아름다움을 볼 수 있게 해 주었으며, 내가 추구하는 모든 것은 전부 내 안에 있다는 것을 알게 해 준 사람이었다. 결국 그는 모든 것 중에서도 가장 소중한 '나 자신'을 되찾게 해 준 장본인이다. 어디 그뿐인가. 그는 나 자신을 포함한 우리 모두가 전부 하나님의 형상대로 당신에 의해 이 세상에 온 존재들이라는 것을 나 스스로 발견하게 하는 데 촉매 역할을 한 사람이다. 이렇게 생각하니, 바로 내가 이 세상을 치유할 수도 있겠다는 생각이 든다.

다른 사람들을 일깨워 그들이 자신의 진실되고 신성한 자아를 찾도록 해 주는 것이 내 인생의 목적인데, 바로 내 고통이 그 목적을 발견하게 해 준 중요한 길잡이가 되었다. 현재 나는 숱한 세미나를 주관하면서 영적인 관계의 목적과, 아이들을 영적으로 키우는 것에 대해서 많은 사람들에게 조언을 해 주고 있다. 내 열정은 우리를 왜소하게 만드는, 그야말로 한계에 직면한 우리의 믿음에 도전하여 승리할 수 있도록 여러 사람들에게 영감을 불어넣어 주는 것이다. 특히, 오로지 우리 내부에서만 찾을 수 있는 어떤 진실을 자꾸만 밖에서 찾으려고 하는 그런 사람들에게 말이다.

내게 주어진 이 여정은 마음이 여리고 약한 사람들을 위한 것이 아니다. 인내와 용기와 힘과 신뢰, 그리고 끈기가 요구되는 사람들을 위한 여정이다. 당신은 당신의 내부에서 울려 나오는 지혜의 목소리를 용감하게 경청하고, 그것이 어떻든 거기에서 나오는 메시지에 진실된 마음으로 다가갈 필요가 있다. 당신이 그동안 찾고 있었던 평화, 조화, 기쁨, 그리고 사랑 등이 바로 당신 자신이라는 것을 스스로가 발견하게 될 때 거기에 큰 가치가 있는 것이다.

목적을 가지고 '사랑하는 삶 살아가기'의 과학

: **톰 리히** Tom Leigh

은퇴 후 사람들의 건강과 행복을 위한 가르침에 열중하고 있다. 스페인

나는 1941년 규모 있는 한 가문에서 태어나, 전후의 빈곤 속에 놓인 잉글랜드 북부에서 성장했다. 그것은 내게 아주 큰 영향을 끼쳤다.

아버지는 화를 잘 내는 분이셨으며, 어머니는 말이 없고, 갈피를 못 잡아 우왕좌왕하고, 의기소침한 분이셨다. 그리고 나는 종교적인 삶을 살아가는 사람이었다.

방적 공장들이 차례로 문을 닫으면서, 아버지는 기능직 자리를 잃고 하루아침에 실업자 신세가 되어 거리에 나앉게 되었다. 자존심 강한 아버지로서는 적잖은 어려움을 감수해야만 했다. 아버지는 얼마 되지 않는 비기능직 일자리라도 어디 없나 찾아볼 요량으로 필사적으로 이 거리 저 거리를 분주히 다니셨고, 그런 와중에 어떤 때에는 세 개의 파트타임 일자리를 동시에 가지고 계셨는데, 아직도 당시의 풍경이 눈에 선하다.

그때 나는 나 자신에 대해 여러 가지 질문할 것들이 있어서 누구에게 물어봐야 하나 고민을 했다. 열세 살이었던가, 그 나이의 어느 날까지는 적어도 나는 하나님의 말씀에 늘 감화를 받고 있었다. 그런데 어느 날이었다. 나는 목사님의 설교 중 어느 한 말씀을 듣고는 그야말로 모든 것이 무너져 내리는 것을 느꼈다. 그 설교는 완전히 잘못된 것이었다.

예배가 끝나고 우리는 모두 예배당 밖으로 나왔다. 나는 두근두근 떨리는 마음으로 목사님께 내가 설교 말씀 중에 들었던 내용에 대해 다시 한번 질문을 드렸다. 그 말씀은 나를 더욱더 흔들어 놓고 말았다.

"아니다, 오직 사람만이 영혼을 가지고 있단다."

나는 직관적으로 믿고 있었다. 지구, 하늘, 그리고 살아 있는 모든 만물은 그 나름대로의 영혼을 지니고 있다고 말이다. 그런데 내 생각과는 너무나도 다른 목사님의 말씀을 듣고 보니 갑자기 온 세상이 더욱 짙은 회색빛으로 보이는 것이었다.

나는 목사님의 가르침을 더 이상 믿고 따를 수 없다는 생각에 교회에 나가는 것을 그만두었다. 나는 여전히 모든 것엔 영혼이 깃들어 있다고 믿고 있었다. 그 믿음에 확신이 더해지자 세상은 다시 내게 살아 있는 존재로 서서히 다가왔으며, 나는 더 많은 것을 탐색하기 시작했다.

그때까지 살아오면서 내가 알고 있었던 지식에 혼란을 느꼈던 나는 수많은 종교에 대해 연구를 하였다. 그러면서 나는 내가 지니고 있었던 비전이 크게 다르지 않다는 것을 터득하게 되었다.

모든 만물은 소위 우리가 '정신spirit' 이라 칭하는 개별적인 에너지의 개체들로 구성되었으며, 각각의 개체들은 모두 전체를 이루는 각각의 일부라는 것을 나는 깨닫게 되었다. 창조와 파괴, 성공과 실패, 사랑과 미움 등에 기초한 서로 다른 상반된 두 에너지 기둥이 서로 균형을 이루며 존재하고 있긴 하지만, 우리는 의식적으로 우리 자신을 위해서 자신이 더 바라고 원하는 쪽을 선택할 수 있다는 것을 나는 다시금 깨닫게 되었다.

내가 찾아낸 과학적 입증을 기초로 하여 나는 인터넷상에서 「우주의 네트워크The Cosmic Net」라는 글을 완성하였다. 나와 비슷한 경험을 하고 있는 사람들이 자기 자신이 지니고 있는 직관을 다시 확인하고 그것이 그릇되지 않았다는 것을 스스로 발견할 수 있도록 하여 마음의 자유를 얻고, 스트레스를 치유하고, 그리하여 종국에는 건강과 성공을 성취할 수 있도록 하기 위해서였다.

몸과 마음과 뇌가 서로 쌍극雙極의 문gate을 구성하고, 바로 그 문을 통해서 광대하고 절대 지치지 않는 진공 상태의 영혼의 에너지가 의지대로 교통할 수 있다는 발견은 정말 놀랍고도 흥분되는 발견이 아닐 수 없었다. 이것은 '신념' 치료사들이 자신들의 사고를 가지고서 자기네들의 치료와 심리적 기간과 거리에 어떻게 영향을 주는지를 과학적으로 설명해 주는 것이다. 우리는 모두 잠재의식 속에서 이것을 행하고 있다. 그렇지 않으면아마 우리는 살 수가 없었을 것이다. 우리가 건강과 성공과 부정적인 '원인과 결과' 의 해답, 혹은 '카르마karma' 를 위해서 어떻게 의식적으로 그것을 실행할 수 있는지 그 방법을 이제 나는 터득하게 되었다.

그리고 인생에서 일련의 특별한 상황과 사람들을 어떻게, 그리고 왜 접하게 되는지, 그 이유를 이해하게 되면서 나는 그 카르마가 바로 모든 정신에서 나오는 사고 에너지와 영적 에너지가 서로 연결된 하나의 에너지라는 것, 그리고 우리가 생각하고 행하는 것이 바로 시간을 창조해 내는 힘이라는 것, 그리고 그것이 바로 우리가 훗날 경험하게 될 미래라는 것을 알게 되었다.

다른 사람들의 형식적이고 위선적인 말을 그저 잠자코 받아들이는 것이 아니라 우리 자신의 마음의 침묵 속에 자리 잡고 있는 궁금한 부분들을 끌어내어 그것에 대해 적극적으로 질문을 던짐으로써 우리는 미래를 바꿀 수 있으며, 그럼으로써 앞으로 한 걸음 더 진일보할 수 있다. 그것은 우리가 정신적으로나 영적으로나 우리 자신을 적극적으로 발전시킬 수 있는 각자의 영적인 감각을 활짝 열어 놓았을 때 가능하다. 미래는 우리의 것이다. 우리는 그저 눈에 보이는 것을 무심히 받아들여서는 안 된다. 그리고 절대 그럴 필요가 없다. 우리는 할 수 있다.

"깨어나라. 그리고 목적을 가지고 당신이 사랑하는 삶을 살아라."

36

목적 추구에 있어서의 매스터마인드의 파워

제냐 햄튼 Jenya Hampton

강연가, 저자, 트레이너

"당신은 그것을 절대 이루지 못할 것이다. 당신은 그 비즈니스에 대해서는 아무것도 아는 게 없다!"

나는 새로운 일을 시작할 때마다 매번 이런 말을 들어 왔다. 그리고 그런 말을 내뱉는 사람은 매번 자신이 내뱉은 말을 주워 담으며 마무리를 지었다.

그렇다고 나를 잘못된 사람으로 몰진 마라. 나는 병적일 정도로 자기중심적인 사람은 아니니까. 그렇다고 모든 것을 알고 있는 것처럼 행세하는 사람도 아니다. 사실, 나는 내가 모르는 것을 알고 있는 것으로 받아들이

당신의 에너지에 플러그를 꽂아라

는 최초의 사람이 될 것이다. 하지만 새로운 것을 배우고 발전시키려는 내 목적 추구는 물론이고, 그 방식대로 다른 사람들을 돕겠다는 내 의지만큼 은 그 어떤 것도 결코 중단시키지는 못할 것이다.

생면부지의 아무것도 모르는 업계에서 꾸준히 성공을 일구어 내는 그 열쇠는 나의 비전과 내가 소유하지 못하고 있는 지식을 공유하고 있는 내 주위의 사람들이다.

오늘날 많은 사람들에게 '훌륭한 비즈니스란 이런 것이다' 내지는 '성 공하기 위해서는 이렇게 하라' 는 스타일로, 그야말로 성공의 길잡이가 되어 주고 있는 한 권의 책이 있다. 이 책에서도 역시, 성공하기 위해서는 목표를 공유하고, 열정과 비전을 지니고, 낙천적이고 긍정적인 마인드를 지닌 사람들을 주변에 많이 두어야 한다고 조언을 하고 있다. 당신 자신이 추구하는 꿈을 실현하는 데 있어서 누가 당신의 후원자가 되느냐, 이것이 바로 성공에 이르는 또 하나의 열쇠이다.

『생각하라, 그러면 부자가 되리라 Think and Grow Rich』라는 명저에서 나 폴레온 힐은 이 후원자 그룹을 매스터마인드(mastermind. 계획 등의 지도자, 입 안자-역자 주)라 불렀다. 비즈니스의 성공에 있어서 그 매스터마인드 그룹 이 직접적으로 관련이 있기 때문에, 굳이 그것이 어느 정도로 중요한지에 대해서 호들갑스럽게 과장하여 말할 필요도 없을 것 같다. 그런데 우리 중 상당수는 삶의 또 다른 영역으로부터 부정적인 영향을 받는다. 자신의 꿈 을 포기하는 사람들의 전형적인 스타일이 바로 그런 유형의 사람들이다. 자신들에 대해서, 심지어는 자신의 꿈을 실현할 수 있다고 생각을 하는 데 있어서도 결코 확신을 갖지 못하는 사람들이 바로 그런 유형의 사람들이라는 이야기다. 이들은 지도자에 대한 믿음도 약하다. 그렇기 때문에 이들은 누군가를 따르다가도 부족한 믿음으로 인해 중도에 떨어져 나가곤 한다.

그러나 여기서 명심할 게 하나 있다. 당신은 자신의 꿈을 추구하는 과정에서 시시각각으로 불쑥불쑥 다가서는 부정적인 영향을 접하게 될 것이다. 바로 그럴 때 당신은 그것을 떨쳐 버리거나 최소화할 줄 알아야 한다. 바로 그것이 당신의 꿈을 실현하는 데 큰 힘으로 작용하게 된다. 또한 당신은 꿈을 실현하는 과정에서, 특히 초기 단계에서, 자신에게서 적지 않은 취약점을 발견하게 될 것이다. 바로 그런 상황에서 당신이 자신의 꿈을 생존케 하기 위해서는, 당신과, 당신의 능력을 믿어 주고, 당신이 가장 소중하고 중요하게 생각하는 것을 함께 나눌 수 있는 사람이 있어야 한다. 그런데 이런 것도 더불어 유념해 둘 필요가 있다. 처음에 누군가에게 당신의 꿈을 너무 분명하게 밝히다 보면, 상처를 입거나, 공격을 받을 수도 있다는 점이다. 따라서 당신은 자신이 어떤 상황에서 누구에게 말하려고 하는지를 먼저 인지하고 있어야 한다. 당신이 생각을 털어놓으려고 하는 그 상대가 당신의 후원자인지, 그리고 당신 자신은 물론, 마주하고자 하는 상대의 환경이나 정황을 제대로 이해하고 있는지에 대해서도 미리 인지하고 있어야 한다. 만일 그런 부분에 있어서 아무런 문제가 없는 상황이라면, 그리고 그런 상황에서 당신이 품고 있는 꿈과 계획을 밝히게 된다면, 당신은 분명 자신의 꿈을 실현하기 위한 첫발을 내딛는 데 큰 힘을 얻을 수 있을 것이며, 아울러 꿈의 실현을 위해 일보 전진하는 큰 동력의 연료를 얻게 될 것이다. 그렇게 해서 마침내 성공이 시작된다면, 당신은 어떤 부정적인 영향에 직면하게 되더라도 그것에 그다지 민감하게 반응하지는 않을 것이다. 그것은 당신 자신에 대한 믿음이 그동안 크게 강화되었기 때문이다.

역사상 위대한 매스터마인드의 예를 한번 살펴보자. 그중 가장 유명한 인물로는 바로 예수와 그의 제자들을 꼽을 수 있다. 그리고 오늘날 우리에게 가장 친숙한 성공적인 지도자를 꼽으라면 빌 게이츠William Henry Gates III, 오프라 윈프리Oprah Gail Winfrey, 그리고 미국의 대통령과 같은 인물들이 해당할 것이다. 그들 모두 나름대로의 성공을 성취한 사람들이니까. 그 성공의 기준은 무엇일까? 그들은 모두 자신에 대한 믿음에 있어서는 조금의 흔들림도 없었다. 그러면서 자신의 목표를 달성하였다. 그리고 무엇보다도 중요한 것은 그들에게는 든든한 후원자는 물론, 의견을 공유한 위대한 매스터마인드 그룹이 함께 있었다는 사실이다.

최근의 한 인터뷰에서, 빌 게이츠는 매일같이 회사의 각 주요 부서 책임자들과 자리를 함께해서 각자가 아이디어를 내놓아 최선책을 결정하는 창조적인 형태의 브레인스토밍 방식에 따라 하루하루의 스케줄을 잡았다고 했다. 그는 브레인스토밍 방식의 회의는 회사의 성장과 생존을 위한 가장 중요한 활동 중 하나였다고 덧붙여 말했다. 오프라 윈프리 역시 선별된 시청자단이 포함된 한 그룹과 브레인스토밍을 갖고 있다. 그러면서 그녀는 여러 사람들로부터 반응을 듣고, 그들과 아이디어를 공유하고 있다. 미국의 대통령도 새로운 정책을 처음 구상할 때에는 각료 회의는 물론이고, 개인적인 자문 위원, 심지어는 아버지를 통해서 간접적인 경험을 얻는 것으로 알려져 있다. 그러니까 대통령도 어떤 중대한 사안을 결정하거나 어떤 이슈에 있어서 그것을 행동을 옮기게 될 때에는, 앞서 언급한 여러 인물들과 상담을 하는 등 그들과 함께 충분한 의견을 나누고 있다는 것이다. 미국을 세운 위대한 인물들 역시 자신들의 구상을 구체화하는 과정에서 매스터마인드의 힘과 가치를 익히 알고 있었다. 만약 미국의 대통령이 모든 결정을 혼자서 내린다고 하면 장차 어떤 일이 어떻게 현실로 나타날지에 대해서 당신은 상상할 수 있겠는가?

현재, 점점 더 많은 사람들이 자신이 품은 열정에 따라서 그것을 사업으로 전개해 나가고 있다. 그런데 사업 실패의 비율 역시 계속해서 증가하고 있다. 그렇다면 그 원인은 무엇일까? 나는 두 가지를 지적하고 싶다. 충분치 않은 부족한 재원이 하나이고, 또 다른 하나는 기본적인 비즈니스 기술의 부족이다. 첫 번째 이유에 대해서는 내가 뭐라고 말할 수 있는 사안이 아닌 것 같다. 그러나 두 번째 이유에 대해서는 분명하게 말할 수 있을 것 같다. 여기에 해당하는 사람들은, 우선 매스터마인드 그룹을 하나 구성해야 한다. 그리고 자신을 후원할 수 있는 적합한 인물을 찾아야 한다. 이 두 가지만 해결된다면 앞서 언급한 두 번째 원인은 해결될 수 있다. 처음에 나는 비즈니스를 시작하면서 나의 매스터마인드 그룹에 내 아이디어를 소개하였다. 그들은 내 비전을 이해하고 나를 후원하였으며, 내가 거대한 군중에게 접근해 갈 수 있도록 도와주었다. 그 결과 나는 전 세계의 사업자들에게 비전을 제시할 하나의 회사를 발전시켜 나가고 있다.

이미 당신이 자신의 열정을 추구하며 사업을 하고 있든, 사업 구상 단계에 있든, 모든 단계에 있어서 절대 당신 스스로를 속이지는 말라는 얘길 강조하고 싶다. 당신이 추구하고자 하는 것에 대해 당신을 돕고 후원할 사람을 찾고, 그들을 발전시켜 나가기 바란다. 그리고 그들을 당신의 매스터마인드로 만들어라!

37

한 개의 문을 닫으면 두 개의 문이 더 열린다

: 아트 마틴 Art Martin

심리학 박사, 인간의 마인드에 대한 소프트웨어 프로그래머, 강연가, 저자, 캘리포니아

고등학교를 졸업할 때, 아버지는 나에게 엔지니어링을 배우라고 강요하셨다. 스푸트니크(Sputnik. 세계 최초의 구소련 인공위성. 제1호 발사는 1957년 10월 4일—역자 주) 시대의 막이 그때 막 열렸기 때문이다. 그로부터 1년 반이 지나고 나서, 나는 그 일이 내겐 맞지 않는다고 판단하고 그만두기로 결심을 굳혔다. 그러나 앞으로 진로를 어떻게 잡아야 할지를 결정하지는 못했다. 만일 내가 대학에 진학을 하지 않았더라면 내 의지에 의한 진로 결정에 있어서 유예 기간마저도 갖지 못했을 것이다. 우선 나는 최종 진로 결정을 하기 위한 유예 기간을 좀 더 벌기 위해 해군에 입대하

였다.

　이것은 내게 결코 쉽지 않은 첫발이었다. 그곳에서 나는 그 누구도 나를 보살펴 주지 않는다는 것을 알았다. 나는 그저 어떤 명부에 등록되어 있는 사람들 중 하나일 뿐이었다. 나는 자기주장을 어떻게 펼쳐야 하는지, 그리고 어떻게 다른 사람들 앞에서 말을 해야 하는지에 대한 교육을 의무적으로 받았다. 바로 그런 배움의 과정은 내가 이 세상에서 어떻게 살아남아야 하는지에 대한 이해적인 측면에서 내게 적잖은 견문을 열어 주었다.

　몇 년 후, 대학으로 다시 돌아온 나는 목표를 완전히 바꿨다. 향후 진로를 저널리즘과 마케팅 광고 분야로 전환한 것이다. 나는 끊임없이 새로운 영역으로 진입하라고 나를 채찍질하며 꾸준히 새로운 문을 열어 나갔다. 그런데 그 새로운 영역으로의 진입은 나를 늘 어느 한계 지점으로 몰아넣었다. 그러다 보니 거기서 오는 두려움도 만만치 않았다. 그러나 나는 그것에 굴하지 않고 나 자신을 끊임없이 독려하며 그 미지의 세계로 한 걸음씩 걸어 들어갔다. 그것이 내 자존심, 자신감, 그리고 스스로에 대한 어떤 확신을 세우기 위한 노력이라는 생각은 하지 않았다. 나는 대중 연설을 하고, 토론을 하고, 또한 하나의 팀까지 꾸려 가며 난상토론을 하는 데 나 자신을 밀어 넣었다. 그러다 보니 더 많은 문이 내 앞에 열리기 시작했다. 이제 나는 더 이상 나 자신을 억지로 어떤 상황 속으로 밀어 넣는 일은 할 필요가 없다는 것을 알았다. 지난 과정이 내게는 많은 것을 성취할 수 있도록 해 준 크나큰 도전이었다는 것을 나는 알게 되었다. 마침내 나는 대학 신문의 광고 담당 매니저가 되었고, 거기서 유머 잡지를 하나 창간하였으며, 학생회 조직에까지 들어갔다.

나는 광고 분야에서 열심히 일을 하였는데, 실제로 일을 하다 보니 이전에 내가 알고 있었던 것과는 다른 점이 매우 많다는 것을 깨달을 수 있었다. 한편, 나는 데이트레이더day trader로서, 부동산과 주식 시장에도 관심을 보였다. 일 자체는 무척 재미있었다. 그러나 내가 가고자 원했던 방향은 분명 아니었다. 또 다른 한편으로, 나는 재정적인 여유가 생기자 부인과 함께 새로운 둥지를 틀 만한 장소를 물색해 봐야겠다는 결심을 하고 현재보다 나은 곳을 찾아 세계를 여행하며 돌아다녔다. 그러나 결국은 이전에 살았던 곳이 가장 좋은 곳이라는 판단을 내리고 다시 캘리포니아로 돌아왔다.

우리는 캘리포니아 중서부에 있는 도시인 나파밸리로 이사를 하였다. 그리고 버려져 폐허가 되다시피 한 포도주 양조장 건물을 하나 사서 개축하였다. 그러나 이것 역시 내 인생에 주어진 사명은 아니었다. 그래서 우리 부부는 그것을 팔고 레스토랑 건물을 하나 새로 지어, 그곳으로 이주를 하였다. 우리에겐 이것이 하나의 전환점이 되었다. 나는 화학 공학 엔지니어 출신의 한 사람을 야간 매니저로 고용하였다. 그때 나는 그에게 이런 질문을 던졌다.

"어째서 당신은 아무런 혜택도 없이 고작 시간당 6달러밖에 받지 못하는 이 일을 원하는가?"

그리고 그로부터 어언 1년이 흐른 후, 우리는 단둘만의 시간을 가졌다. 나는 그와 함께 그의 주요 관심사가 무엇인지에 대해 진지한 논의를 하였

  당신의 에너지에 플러그를 꽂아라

다. 나는 그의 인생의 목적이 무엇인지를 알게 된다면 그가 어떤 사람인지를 알 수 있을 것 같았다. 그 주제에 대해 그와 함께 의견을 주고받고 그가 읽어 보라고 건네준 책을 읽는 가운데 또 1년이 흘렀다. 그리고 얼마 후, 나는 레스토랑을 처분하였다. 그리고 마흔한 살의 나이에 은퇴를 하였다.

목표는 내 인생의 목적을 발견하는 일이었다. 이것이 1978년의 일이었다. 그때 나는 하루 24시간 내내 허리 통증을 달고 살았다. 나는 의사로부터 등뼈에 탈골 현상이 있으니 앞으로는 휠체어 신세로 인생을 마감하게 될지도 모르겠다는 얘기를 들었다. 이제는 내 허리 통증의 원인을 밝혀내는 것이 내 사명이 되었다. 나는 중국과 티베트 의학을 파고들었고, 20여 가지의 대체요법을 연구하였다. 그러나 정작 나는 내 허리 통증을 완화시킬 만한 방법에 대해서는 아무것도 찾아내지 못했다.

1982년에 이르러, 그러니까 25년의 세월을 보내고 나서야 나는 내 인생의 사명과 목적을 발견하게 되었다. 내 관심이 컴퓨터에 있다는 것을, 그리고 심신 장애 프로그램을 위한 소프트웨어 개발에 있다는 것을 알게 된 것이다. 그리고 그로부터 20여 년이 넘는 세월 동안 나는 에너지 의학과 에너지 심리학에 대한 새로운 정리를 만들어 냈다. 내 목적과 열정은 내가 나 자신을 치유했던 것처럼 누구라도 자신의 개인적인 파워를 되찾아 개선시킬 수 있으며, 자신의 삶을 통제할 수 있다는 것을 모든 사람들에게 보여 주고 가르치는 것이었다. 무언가에 의해 고통받고, 무엇과 투쟁하는 것은 거짓된 신념이다. 우리는 사랑과 평화, 행복과 조화, 그리고 기쁨 속에서 살아갈 수 있다. 우리는 자신의 마인드 파일을 다시 프로그래밍하는 가운데 하루하루의 수련과 실행 속에서 기적을 만들어 낸다. 재물이 부족하고, 성공을 이루지 못하는 가운데, 그리고 고통과 질병 속에 바로 모든 것을 위한 답이 있다. 성공에 이르는 열쇠는 자신의 결점 프로그램을 찾아낸 다음 그것에 욕망과 의도, 결정과 의무, 그리고 훈련과 수련을 더하는 것이다.

추구에서 발견까지

: **제니퍼 렘링** Jennifer Remling
코퍼레이트 리크루팅Corporate Recruiting의 이사, 강연가, 컨설턴트

만일 지금 당신이 어디로 가고 있는지를 모른다면, 당신이 택한 길이 어떤 것인지는 중요하지 않다. 내 인생의 여정엔 숱한 우여곡절이 있었다. 당신은 그런 내 삶의 여정을 통해 나름대로 도움이 될 만한 부분을 찾길 바란다.

2000년 10월, 나는 런던에 있는 한 전자상거래 회사의 인사 부장으로서 내가 그리도 꿈꾸던 일자리를 얻게 되었다. 나로서는 빅딜이나 마찬가지였다. 유럽에 살면서 일자리를 얻는 것이 언제나 내 꿈이었기 때문이다. 사실, 그렇게 되기 위해서 남편은 건축가로서의 일자리를 그만둬야 했다.

그런데 런던에 도착하고 나서 2주가 흐른 뒤, 미국 본사에 있는 내 상사가 사임을 했으며, 그에 이어 이번엔 그의 상사가 또 사임을 했다. 그러자 회사에서는 본사 인사 팀의 전 직원을 해임하였다. 당시 나는 런던에 있었고, 남편은 아직 런던에 채 도착도 하기 전이었다. 그러자 머지않아 나도 곧 퇴사를 하게 되는 것은 아닌가 하는 걱정에 여간 마음이 쓰이는 게 아니었다.

결국 나는 그 회사에서 6개월을 일하고 나와야 했다. 팀이 해체되면서 사무실 문도 자연스럽게 닫게 되었던 것이다. 한편, 그러는 동안 남편은 나 때문에 미국에서 런던으로 건너와 한 글로벌 건축 회사에서 일자리를 얻어 일을 하고 있었다. 그런데 그 회사에서 남편에게 미국의 샌프란시스코로 발령을 내게 되었으니 그쪽으로 옮겨 가 일을 해야겠다고 말했고, 우리는 부랴부랴 샌프란시스코에 아파트를 하나 얻고, 가구를 먼저 배로 부치기로 했다. 그 후에 우리는 애틀랜타로 돌아가서 마무리되지 않고 미해결로 남아 있는 것들을 매듭짓기로 하였다. 그렇게 영국에서의 짧다면 짧은 생활을 정리하고 샌프란시스코로 출발하기 전날이었다. 남편의 회사에서 전화가 걸려 왔다. 회사에서는 더 이상 남편에게 일자리를 줄 수가 없다는 것이었다. 해당 지역(샌프란시스코)에 있는 두 개의 주요 거래처가 떨어져 나가면서 현지 사무실 직원들이 모두 회사를 떠나게 되었다는 이유에서였다.

그래서 우리는 굳이 샌프란시스코로 가지 않아도 되는 상황이 되었다. 우리는 곧바로 이삿짐 회사에 전화를 걸어 샌프란시스코로 가구를 보내지 말라고 했다. 그런데 바로 그날 아침, 이미 가구를 실은 배가 항구를 떠났다는 답변을 들었다. 그래서 자기들로서도 어떻게 해 볼 도리가 없다는 것이었다. 결국 나는 이삿짐 회사에 다시 얘기해서 그 가구를 샌프란시스코가 아닌 애틀랜타로 보내 달라고 했으며, 그에 따른 추가 비용으로 5천 달러를 더 지불해야 했다. 그리고 그로부터 2개월 후에 애틀랜타 항구에 도착해서 보니 가구를 싣고 있는 트럭의 트레일러 꼭대기에 구멍이 뚫려 있었는데, 그곳으로 비가 새 들어가 가구 대부분이 망가져 못쓰게 되어 있었다. 그리고 그로부터 또 한 달 후에는 집에서 기르는 개 한 마리가 비극적으로 죽는 일이 벌어졌다. 그것이 바로 지난 9 · 11사건이 터지기 하루 전의 일이다. 이 모두가 전부 여덟 달 안에 벌어진 일들이었다. 그리고 미국에서 다시 일자리를 구하는 데는 그로부터 5개월의 시간이 걸렸다.

　믿거나 말거나지만, 돌아보면 당시 여러 어려운 상황들을 겪었던 것이 오히려 지금으로서는 기쁘게 생각해야 할 일이 되었다. 일련의 그와 같은 경험이 나로 하여금 인생에 대해서 시간을 가지고 진지하게 생각해 볼 수 있는 계기를 마련해 주었기 때문이다. 그리고 그런 경험이 내게 어떤 의미가 있는지에 대해서도 깊이 생각해 보는 기회가 되었기 때문이다. 그 결과, 나는 내가 가고자 하는 길을 제대로 가지 못하고 있다는 생각을 하게 되었다. 그래서 나는 나 자신이 원하는 삶을 창조하고 그것에 인생의 목적을 연계할 수 있는 내용의 조언이 담긴 책들을 읽기 시작했다. 그리고 그렇게 2년이 흐른 후, 나는 다른 사업 구상을 하게 되었으며, 그와 관련된 세미나에도 참석을 하고, 나 자신이 원하는 삶을 창조하는 프로그램 코스에도 참여를 하였다.

그러던 어느 날이었다. 그날도 나는 한 세미나에 참석 중이었다. 그때 강사가 이런 말을 했다.

"세상에는 탐구자들이 너무나도 많습니다. 그러나 세상은 더 많은 발견자들을 필요로 하고 있습니다."

순간 내 머릿속에 환한 백열등이 번쩍 켜졌다. 내게 있어서는 바로 그때가 아주 중요한 변화가 일어나기 시작했던 순간이었다. 당시 나는 경제적인 책임을 지고 있었기 때문에 다니던 직장을 그만두고 당장 내가 원하는 일에 주력할 수는 없는 처지였다. 나는 마음의 결단을 내렸다. 내 꿈에 이르는 다리를 놓을 시간이 되었다고 판단을 했던 것이다. 그렇게 해서 나는 내가 진실로 꿈꿔 왔던 것에, 그리고 내가 진실로 원하던 삶에 집중할 수가 있었다. 나는 하루도 빠짐없이 매일같이 조금씩 내가 원해 왔던 일을 하기 시작했다. 그렇게 생활한 지 6개월이나 지났을까, 내 하루하루의 일상이 내가 하고자 원했던 일들로 대부분 채워져 가고 있었다. 배우고 익혔던 방식과 원칙에 일단 적응하기 시작하자, 모든 상황들이 어찌나 빠른 속도로 변모해 가던지, 지금 생각해 봐도 정말 놀랍기만 하다. 나는 과거에 함께 일했던 적이 있는 친구로부터 조그마한 사업체를 하나 인수하였다. 그리고 내가 그 전까지 벌었던 연봉의 70%의 수익을 석 달 만에 올리게 되었다. 나는 벌어들인 돈의 일부를 투자 차원에서 내가 구상하고 있는 또 다른 프로젝트에 사용하였다.

오늘 나는 나만의 스케줄을 잡았다. 운동하는 시간, 글 쓰는 시간, 그리

   당신의 에너지에 플러그를 꽂아라

고 남편과 함께 여행하는 시간도 모두 일정에 넣었다. 생활 속에서 느껴지는 기분이 그 어느 때보다도 편안하다. 아니, 매일같이 더 좋아지는 기분이다. 아니, 실제로 나날이 더 좋아지고 있다. 내 인생의 목적은 분명 내가 배운 것을 글로 표현하고 그것을 다른 사람들과 나누는 것이며, 그들의 꿈이 어디로부터 오든지 그들 각자가 자신의 꿈에 이르는 다리를 놓을 수 있도록 그들을 돕는 것이다. 나는 다리를 놓았다. 그리고 이제는 그 다리 위로 잘 왕래하고 있다. 당신도 나와 함께 그 꿈에 이르는 다리 위를 거닐어 보지 않겠는가?

당신이 원하는 것을 바라보라

∶ 빌 해리스 Bill Harris

강연가, 저자, 워크숍 리더
센터포인트 리서치 연구소의 설립자, 이사

대략 나이 마흔 정도까지는 분명 내가 머릿속에 그리던 그런 삶을 살지는 못했던 것 같다. 상습적으로 화를 잘 내고, 자주 우울해했으며, 사람들과의 관계도 지독하리만큼 시종 최악이었다. 내세울 만한 변변한 이력이라곤 없었으며, 번듯한 이력을 쌓기 위해서는 어떻게 해야 하는지, 그저 아무런 생각이 없었다. 내 인생은 언제나 바닥이었으며, 기껏 잘되어 봤자 변방이었다.

그러나 그 볼품없는 과거는 훗날의 행복과 성공을 위해 미리 주어진 축복이었다. 오히려 그런 삶은 내가 하지 못했던 것을 행복한 사람들과 평

당신의 에너지에 플러그를 꽂아라

화로운 사람들과 성공한 사람들은 어떻게 했었는지, 그 차이를 배우게 되는 아주 밀도 높은 동기부여를 해 주는 중요한 역할을 했기 때문이다.

현재 나는 진정으로 나를 사랑하는 멋진 여인과 결혼을 해서 행복하게 살고 있다. 내가 꿈에 그리곤 했던 여인보다 열 배는 더 아름다운 여인이다. 게다가 나는 지금 내가 원하는 일을 하면서 도전적으로 이력을 쌓아 가고 있는 중이다.

자주 화내는 버릇은 이미 사라진 지 오래이며, 우울 증세도 지난 15년 간 거의 1분도 찾아보기 어려울 정도로 말끔히 사라졌다.

지금의 내 나이 54세, 나는 정말 내가 사랑하는 삶을 살아가고 있다. 이런 삶으로의 전환은 내게 놀라운 긍정적 변화를 이끌어 낸 몇 가지 주요 원리를 터득하면서부터 이루어졌다. 그 몇 가지 원리를 접하게 된다면 당신도 나처럼 삶의 전환기를 맞게 될 것이다.

그 비결은 바로 이런 것이다.

우선, 행복한 사람들은 내적으로나 외적으로나 자신의 현실을 스스로 창조해 나간다. 그들은 주어진 환경이 한 사람 한 사람에게 중요한 영향을 발휘한다는 것을 인지하고 있다. 또한 그들은 자신의 내부에서 이루어지는 현상이 일상의 사고와 행동과 관련이 있으며, 심지어는 그것이 자기 환경은 물론 주위에 모이게 되는 사람들의 부류와도 관련이 있다는 것을 알고 있다.

대부분의 경우, 외적인 상황의 진행은 무의식적으로 일어난다. 이것은 주어진 상황이나 환경이 우리의 감정이나 행동의 원인이 되는 것과 마찬

가지인 것 같다. 결국은 우리의 통제나 제어를 넘어서 외부의 환경 요인이 우리에게 중요한 영향을 준다는 것과 상통한다고 할 수 있겠다.

행복한 사람들은, 어떤 상황이 벌어지더라도 그 상황이 자신에게 기인하는 것으로 생각한다. 그들은 어떤 상황에 대해서도 스스로가 책임 의식을 가지고 있다.

행복한 사람들에게서 나타나는 두 번째 특징은, 그들의 행동은 그들이 바라보는 가능성의 결과라는 것이다. 불행한 사람은 하나의 도전을 불가능한 일로 보는 반면, 행복한 사람들은 그것을 가능한 일로 바라본다. 그처럼, 행복한 사람들은 가능한 일에 집중을 함으로써 자신들의 가능성을 현실로 실현시키는 사람들이다.

행복한 사람, 그리고 성공한 사람들에게서 나타나는 세 번째 특징은, 원하는 것에는 자신의 마인드를 집중하고, 원하지 않는 것에는 마인드를 두지 않는다는 것이다.

번창하라. 우리는 가난해지지 않도록 집중할 수 있다. 혹은 부자가 되도록 집중할 수 있다. 이를테면, 우리는 가난을 면하기를 바라면서 가난에 대한 그림을 그리거나, 부를 향해 나아가기를 바라면서 부자가 되는 그림을 창조해 낼 수가 있다.

그 두 가지의 경우에 있어서, 의도는 한 가지이다. 그러나 우리의 뇌는 그 그림이 담고 있는 내용에 신경을 쓴다. 이것이 중요하다. 우리가 부에 신경을 집중할 때, 우리의 뇌는 우리로 하여금 부를 원하고 있다는 생각을 하게 한다. 그러면서 스스로에게 동기부여를 하고, 자기 나름대로의 수

단을 강구하며, 마침내 부자가 되기 위한 행동 개시에 들어가는 그림을 본다.

반면, 우리가 가난해지지 않으려고 집중을 하면, 우리의 뇌는 가난한 모습의 그림을 먼저 떠올린다. 그러면서 앞서와 마찬가지로 그런 기회를 보기 위해 스스로에게 동기부여를 하고, 자기 나름대로의 수단을 강구하며, 마침내 가난해지기 위한 행동 개시에 들어가게 된다. 궁극적인 의도는 같지만 두 장의 그림이 역할하게 되는 과정과 결과는 정말 큰 차이를 보이는 것이다.

대부분의 사람들은 중요한 것은 깨닫지 못한 채 오히려 자신들이 피하고 싶은 것에 마음을 집중한다. 그러다가 원하지 않았던 것을 얻게 되면 자신들이 충분히 제대로 집중하지 않았다고 판단하면서 노력을 배가한다. 그렇게 되다 보면, 그들은 결국 자신들이 원하지 않는 결과를 훨씬 더 많이 가져오게 되고, 결과적으로 더욱더 걷잡을 수 없는 파국만을 초래하게 된다.

'이렇게는 되지 않았으면' 하고, 원하지 않는 것에 생각을 집중하게 될 때 오는 또 다른 단점은 유쾌하지 않은 나쁜 기분을 느낀다는 것이다. 사실, 모든 나쁜 감정과 부정적인 결실은 우리가 원하지 않는 것에 집중한 결과이다. 무의식적으로, 그리고 기계적으로 원하지 않는 것에 집중을 하기보다는, 의식적으로, 그리고 의도적으로 당신이 원하는 것에 집중하라. 그렇게만 해 준다면 누구든 자신이 원하는 것을 일구어 내게 될 것이며, 곧바로 유쾌한 기분을 느끼게 될 것이다.

행복한 사람들에게서 나타나는 마지막 특징이 바로 이것이다. 그들은 의식적으로 상황을 인지한다. 결과적으로, 그들의 뇌는 비교적 덜 기계적이고, 덜 무의식적으로 운영되고 있는 것 같다. 자신들이 의도하지 않았던, 그리고 바라지 않는 내적 상황이나 결실도 다른 사람들에 비해 비교적 덜 일어난다는 것이다.

그러기 위해서 우선, 당신은 명상을 통해 보다 더 의식적으로 상황 상황을 지각하고 인지하는 사람이 되어야겠다. 전통적인 유형의 명상이 그런대로 유익하긴 하지만, 일례로, 센터포인트 리서치 연구소에서는 깊은 명상의 상태에 몰입하게 하는 '홀로자잉크' 라 불리는 오디오 기술을 활용하고 있다. 이 시스템은 명상의 과정을 촉진시키며 우리가 보다 빨리 의식적인 인지를 할 수 있도록 도와준다.

그리고 당신 자신의 믿음과 가치, 그리고 정보 여과 방식과 결정을 내리는 전략, 그리고 동기부여와 또 다른 내적인 의식의 흐름 과정 등에 대해 자체적인 조사 연구를 하기 바란다. 센터포인트의 인생 원칙 통합 과정은 그러한 내적인 의식 흐름의 과정을 조사하고 변화시키는 하나의 구조화된 방식으로서, 우리로 하여금 우리가 일구어 내는 내외적인 결과를 이끌어 내는 방법에 대해 책임을 부여한다.

당신이 사랑하는 삶을 살고자 한다면 거기엔 우리가 지불해야 할 일정의 비용이 있다. 하지만 일단 그것을 지불하고 나면 당신은 당신이 앞으로 살아가야 할 남은 인생에 큰 혜택이 더해지는 기쁨을 누리게 될 것이다. 구체적인 현실을 이끌어 내라. 그리고 명상과 자기 탐색을 통해서 당신이

 당신의 에너지에 플러그를 꽂아라

원하는 것에 당신의 마인드를 집중하는 방법을 터득하라.
당신이 사랑하는 인생은 지금 당신을 기다리고 있다!

두려움에
의지하기

∶ **리처드 메틀러** Richard Metler

애리조나

최근에 나는 내 인생에서 또 다른 수익을 창출하기 위해 마인드 맵핑(자신의 생각을 지도 그리듯 이미지화해 사고력, 창의력, 기억력을 한 단계 높이는 두뇌 계발 기법—역자 주) 과정에 돌입하기 시작했다. 나는 제일 먼저 머릿속에 떠오르는 생각을 염두에 두며 껄껄껄 웃었다. 베스트셀러 책 한 권을 쓸 수 있겠다는 것이었다. 그리고 다시 한 번 나는 크게 소리 내어 껄껄껄 웃으면서 속으로 생각했다. '이렇게 떠오른 생각을 도외시할 수야 없지.' 나는 몇 가지 아이디어를 더 고안해 냈다. 그러고는 그것들을 글로 적었다. 그리고 컴퓨터 화면을 들여다보았다. 그때 막 이메일 도착을 알

당신의 에너지에 플러그를 꽂아라

리는 메시지가 떴다. 나는 그것을 주시하면서 한쪽 손으로는 펜을 들고 뭔가를 계속 적어 내려갔다. 그 메일 제목은 '나의 공저자가 되어 주시오' 였다. 세상에, 우연의 일치도 그런 우연의 일치가 있다니!

나는 이메일을 통해 내게 온 그 기회를 따르기로 결정을 하고, 전화를 걸어 내 이야기를 글로 쓰겠다는 동의를 하였다. 그런데 막상 전화 수화기를 내려놓고 나니, 느닷없이 두려움이 밀려왔다. 가슴까지 두근거리는 것이었다. 무엇에 대해 쓸 것인가. 다른 사람들에게는 어떤 제안을 해야 하는 것일까. 내가 정말 책을 쓸 수 있기는 한 것일까.

두려움은 때로 무척이나 훌륭한 동기부여가 될 수 있다. 동시에 두려움은 우리를 압도하기도 한다. 나는 두려움과 어떻게 빅딜을 해야 하는지를 알고 있다. 내 인생의 어느 한 시점에서 두려움은 패닉 상태로까지 단계적으로 발전한 바 있다. 바로 그 패닉과 딜을 하면서 나는 마침내 내 고통의 근원을 볼 수 있었으며, 그것을 통해 놀이를 할 수가 있었다.

두려움과 패닉을 통해 놀이하기. 그것이 어떻게 가능한가? 1년 좀 넘게 패닉과 함께 생활한 후, 나는 마침내 지치기 시작했다. 그래서 나는 그 패닉을 아예 친구로 삼기로 했다. 나는 내 복부에서 일고 있던 두려움이 마침내는 가슴 위로까지 치밀고 올라오는 기분을 느낄 수 있었다. 내가 만일 별다른 어려움 없이 그 두려움에 대처할 수 있었다면 그 두려움은 그냥 가라앉아 버렸을 것이다. 또한 만일 내가 그것에 저항을 했었더라면, 오히려 나는 무기력감을 느꼈을 것이며, 그 두려움은 그야말로 혼돈의 패닉 상태로까지 발전했을 것이다.

나는 인생을 살아가는 여러 비결 중 하나를 발견했다는 생각이 들었다. 내가 해야 했던 것은 두려움을 자발적으로 기꺼이 느끼는 것이었다. 그러다 보니 어느새 그것이 자연스레 사그라졌다. 기분이 정말 으쓱해졌다. 그리고 실제로 그로부터 몇 주 동안은 아무런 두려움 없이 생활을 해 나갈 수 있었다. 그런데 모두 사그라진 것으로만 알고 있었던 그 두려움이 또다시 밀려왔다. 더욱더 강렬한 에너지와 함께. 그 기운은 나를 완전히 사로잡고 말았다. 이전엔 단 한 번도 경험해 보지 못한 그런 기분이었다. 또 다른 패닉의 상태에서 내가 대처할 수 있는 유일한 방법은 이번에도 역시 그것을 온전히 그대로 느끼고 받아들이는 것이었다. 그래서 나는 과감하게 두려움에 기대어 의지를 하였다. 그러자 이번엔 그 두려움이 내 고민과 고통의 근원을 겉으로 노출시키는 것이었다. 나는 나 자신에게서 벌어지는 모든 상황을 직접 볼 수가 있었다. 이내 나는 스스로가 내지르는 처절한 비명 소리를 들을 수 있었다. 나는 그대로 바닥에 털썩 주저앉아 소리 내어 울었다. 그리고 나서 나는 깨닫게 되었다. 패닉이 내게서 사라졌다는 것을. 그리고 당시의 그 경험이 내가 체험한 마지막 패닉이 되었다. 그것은 지금으로부터 11년 전의 일이었다.

내 인생은 그날 이후로 꽤나 다양한 형태로 꽃을 피워 오고 있다. 나는 더욱 영적으로 성숙해졌으며, 다른 사람들과도 더욱 많은 교류를 해 오고 있다. 나는 나 자신은 물론 다른 사람들에 대해 더 많은 것을 배워야겠다는 자세로 삶에 임해 오고 있다. 나의 재정적 기반은 물론 재정적 기회 역시 꾸준히 성장해 오고 있으며, 성공이라는 측면에 있어서도 그 정도가 급

상승하고 있는 상황이다. 나는 내 인생에 찾아온 두려움과 패닉을 끌어안고 그것들을 내 발전의 발판으로 삼았다. 결국 나는 내게 다가온 두려움의 에너지를 동기부여의 에너지로 전환시킨 장본인이 된 것이다. 이제 앞으로 내 삶은 어느 방향으로 전개될까? 나는 내 인생의 전망을 떠올리면 그렇게 신이 날 수가 없다. 이제 당신에게 던지고 싶은 질문 하나가 있다. 당신은 지금 무엇을 두려워하고 있는가?

비즈니스 영혼으로의 여정

: **존 잰취** John Jantsch

마케팅 컨설턴트, 잰취 커뮤니케이션즈 Jantsch Communications 대표

사람들은 보통 이런 말을 자주 한다. 비즈니스와 개인적인 삶을 명확하게 구분 짓는 것이 건강에 더 이롭다고 말이다. 그렇게 되려면 아마 당신은 어떤 생활을 하든지 간에 그 모든 것의 속박으로부터 자유로워져야 할 것이다. 지금 바로 주위를 둘러보라. 내가 하고 있는 주장을 뒷받침할 만한 여러 증거들이 보일 것이다. 우리는 비즈니스에 삶을 잠식당하는 비즈니스 오너들을 어렵지 않게 만날 수 있다. 그러나 또 한편으로 우리는 자신에게 보다 많은 자유를 허락하여 비즈니스의 굴레로부터 벗어나 있는 사람들 또한 볼 수가 있다. 여기서 중요한 것은, 개인적인

당신의 에너지에 플러그를 꽂아라

삶과 비즈니스의 경계적 구분이 없이 서로 뒤섞여 녹아 있는 경우엔 하루 하루의 일상에서 큰 기쁨을 누리기가 쉽지 않다는 사실이다.

우리의 삶이 바로 그런 식이다. 우리의 비즈니스가 그렇다는 이야기이다. 따라서 우리의 남은 인생이 비즈니스에 의해 잠식되기 전에 우리는 비즈니스와 일상의 삶 간에 균형을 잘 이루어야 한다.

우리가 비즈니스를 삶의 활력으로 생각한다면 어떻게 될까? 다른 그 어떤 것보다도 우리에게 주어진 시간을 더 많이 소모하는 비즈니스가 우리 자신을 표현하는 멋진 방식이 된다면 어떻게 될까?

모든 비즈니스의 일차적인 목적을 우리 자신에게는 물론이고, 우리와 함께 일하는 사람들에게 더 많은 삶의 여유와 자유를 제공하는 것으로 삼는다면, 그것은 결코 불가능한 일만은 아니다. 다만, 여기서 필요한 것은 분리나 구분이 아닌, 서로 간의 연계일 것이다.

비즈니스가 더 나은 삶의 원천이 되기 위해서는 우선 우리의 삶과 자유가 우리에게 어떤 의미를 지니고 있는가를 이해해야 한다. 기쁨과 행복은 우리에게 어떤 모습으로 보일까? 우리는 우리만의 독창적인 목적을 펼쳐 보일 필요가 있으며, 그 목적을 우리의 비즈니스에 연계하여 생각해 볼 필요가 있다. 바로 그것이 비즈니스의 영혼이기 때문이다.

모든 사람들은 저마다 나름대로의 개성 있고 독창적인 삶의 목적을 지니고 있다. 하지만 많은 사람들의 경우에 있어서, 그 인생의 목적은 의심과 두려움이라는 층들로 켜켜이 쌓여 있다. 최초에 그 어떤 것이 당신으로 하여금 비즈니스를 하도록 이끌었는지를 기억하는가? 비즈니스를, 당신이 원하는 것, 당신의 과거, 그리고 당신의 현재와 서로 연결하라. 그러면 당신은 자신이 소중하고 가치 있게 생각하는 여정에 오르게 될 것이다.

우리는 자신의 인생의 목적과 서로 소통하고 그것을 이행하면서 자기만의 개성을 지닌 삶을 살아갈 수 있다. 그럴 때 우리는 우리의 구상과 계획이 어떻게 다른 사람들에게 영향을 주고, 그들의 삶에 우리의 비즈니스가 어떤 가치를 발휘하게 되는지를 체험하게 될 것이다. 그것이 바로 비즈니스를 통해서 우리가 각자의 고유한 목적과 서로 소통하고 그것을 이행하면서 나름대로의 삶을 살아가는 방법이다.

당신이 구상하고 있는 삶의 목적과 당신이 하고 있는 비즈니스를 서로 연계해 나간다면 당신의 삶은 더욱 풍요로워질 것이다.

당신의 비즈니스에 삶의 목적의 불길이 활활 타오르게 하기 위해, 나는 세 가지 질문을 남기고자 한다. 당신이 이 질문에 솔직하게 답할 수만 있다면 당신은 새로운 비즈니스 영혼으로의 여정을 시작하게 될 것이다.

1 삶에서 원하는 것이 무엇인가?

2 삶에서 원하지 않는 것은 무엇인가?

3 원하는 삶을 누리기 위해 당신은 무엇을 포기할 준비가 되어 있는가?

이 세 질문에 대한 답변을 물질적인 것에만 국한시키지 말기 바란다. 대다수의 경우가 그렇겠지만, 우리는 실패에 대한 두려움이나 자신의 내부에서 일고 있는 의심을 극복해야 한다고 나는 생각한다.

인내하라. 그리고 당신의 마음을 꾸준히 탐색하라. 자신의 마음에 귀를 기울이고 그것을 따른다면 당신은 조화를 이룬 희미한 음성을 듣게 될 것이다. 심지어는 혼란스런 소음 속에서도 그 음성을 듣게 될 것이다.

내 인생의 사명을 발견하기 위한 역경 활용법

: **조지 스타브로** George Starvrou

라이프스타일과 체중 관리 컨설턴트, 작가, 캐나다

섹션1 : 배경

당시 내 나이 서른. 나는 그다지 안정되지 못한 일자리를 가지고 있었으며, 부모님과 함께 살았다. 나는 이미 10만 달러가 넘는 빚을 지고 있었으며, 신용카드 이자로만도 한 달에 1천 달러씩을 꼬박꼬박 물어야 하는 상황이었다.

재정적 고충 말고도, 나는 우울증에다 건강도 그다지 좋질 못했다. 내 몸의 25퍼센트는 체지방이었으며, 몸무게는 무려 110킬로그램까지 나갔다. 상황이 그렇다 보니, 개인 스포츠 트레이너로 일하고 있던 내 비즈니스

당신의 에너지에 플러그를 꽂아라

가 힘든 것은 하나도 이상할 게 없었다. 한마디로 젊디젊은 사람이 제 앞가림도 제대로 못하는 처지였다. 그런 내가 어찌 다른 사람들에게 동기부여를 해서 그들의 비즈니스와 삶이 바른 모습을 지닐 수 있도록 할 수 있었겠는가? 게다가 아버지까지도 심각한 우울증 증세로 고생을 하시는 통에, 10년이 넘도록 일을 못하고 집 안에만 들어앉아 계셔야만 하는 처지였다.

'상실자', '절망자', '비참함' 등과 같은 단어들이 아마 이 글을 읽고 있는 당신의 머릿속에 어른거리고 있을 것이다.

나는 가만히 자리에 앉아서 한참 동안 나 자신을 묵묵히 돌아보며 생각했다. '인생을 살아가면서 내가 원하는 것은 대체 무엇인가?' 내 모습은 분명 내가 원하는 그런 모습이 아니었다.

섹션 2 ː 현재

그때 이후로, 나는 아마존닷컴에서 최고의 베스트셀러 작가가 되었다. 처음으로 세상에 선보였던 전자책을 통해서 말이다. 그리고 월간 멘토 Monthly Mentor 프로그램을 통해서 '올해의 인물 상 Player of the Year Award' 을 수상했다. 그러면서 내 부채는 절반으로 줄어들었으며, 개인 파산 선고를 가까스로 모면할 수가 있었다. 이어서 나는 내가 지고 있던 신용카드 빚을 어떤 방식으로 청산할지에 대한 서류를 작성하여 관련 기관에 제출하였다. 그야말로 나로서는 기사회생이었다. 내 신용은 그동안에 지고 있던 부채를 모두 갚고 나서 2년이 지나면서 서서히 회복이 되기 시작했다.

섹션 3 : 여러 우여곡절을 겪으면서 내가 배운 것

나는 아이언 킹Ian King 코치가 쓴 전자책 『수동적인 사람이 치르는 대가Paycheck To Passive』를 읽고 많은 가르침을 얻었다.

- 내가 원하는 사람과 원하는 시점에 원하는 장소에서 일하기
- 내가 따를 수 있는 시스템 구축하기
- 나 자신에게 투자하면 그만큼 다른 사람들에게 도움을 줄 수 있으며, 그것은 결국 훗날 내게 혜택이 되어 돌아온다.

그리고 로버트 기요사키의 명저 『부자 아빠 가난한 아빠Rich Dad, Poor Dad』를 통해서도 큰 가르침을 얻었다.

당신 안에 있는 재정적 귀재를 일깨우는 열 단계

01 지금보다 더 나아져야 하는 이유 발견하기

02 매일 매일 선택하기

03 신중하게 친구 고르기

04 삶의 법칙을 터득하고 늘 새로운 것을 배우기

05 자신을 위해 먼저 투자하기

06 브로커(중개인)에게 잘 베풀기

07 '인디언 기버(Indian giver. 한 번 준 것을 되찾는 사람—역자 주)' 되기

08 고급 사치품 구입하기

섹션 4 : 현재의 프로젝트

『더욱 날씬하고 건강한 조각 같은 몸매 만들기 12주 완성법How you Can Sculpt A Leaner, Healthier Body In 12 Weeks!』은 종이 책과 전자책으로 모두 출간될 예정이며, dvd로도 제작될 예정인 내 프로젝트이다. 이 프로젝트는 시스템을 구축하고 개발하여 실용화하기까지는 적어도 앞으로 2년은 걸릴 것이다. 그러나 일단 시스템이 제자리를 찾게 되면 나는 재정적으로 자유로워질 것이며, 마침내 나만의 목적이 있는 삶을 살아가게 될 것이다.

섹션 5 : 지금으로부터 5년 후의 내 모습을 볼 수 있는 곳

내 다음 목표는 소위 마크 빅터 한센과 로버트 알렌Robert Allen이 말하는 '개화된 백만장자'가 되는 것이다. 말하자면, 이 말은 자기 자신과 자기가 사랑하는 사람들은 물론이려니와 좀 더 넓은 맥락에서 보면 우리가 살아가고 있는 이 사회에 기여할 수 있는 그런 백만장자가 되겠다는 의미이다.

섹션 5 : 내 여정의 끝, 혹은 내 여정의 시작?

이렇게 내 이야기를 하는 궁극적인 목적은 무엇일까? 우선, 모든 사람은 제각기 극복해야 하는 자신들만의 도전과 장애, 그리고 역경이 있다는 것을 알리기 위해서이다. 두 번째로, 당신 자신을 믿고, 올바른 사람들과 교류를 하게 된다면, 특히 당신이 의식적으로 강력한 멘토를 찾고자 한다면 당신은 잠에서 깨어 일어나 목적 있는 삶을 살아갈 수 있다는 것을 알리기 위해서이다!

자신만의 여정을 걷고 있는 당신 모두 건승하기를 바란다.

목적의식이 있는 양질의 질문이 양질의 삶을 주도한다

: 존 F. 드마티니 John F. Demartini

강연가, 컨설턴트, 작가

당신의 삶의 질은 일상에서 당신이 스스로에게 던지는 질문의 질에 의해 결정될 수 있을까? 이에 대한 답은 '당연히 그렇다!' 이다. 그렇다면 다음에 제시하는 두 질문의 차이에 대해서 한번 생각해 보라.

1 어떻게 휴가를 갈 수 있을까?

2 꿈의 휴가를 떠나기 위해 들어가게 될 막대한 비용은 어떻게 마련할 수 있을까?

첫 번째 질문은, 비용과 시간이 모두 들어가는 휴가를 위해서 어떤 방식으로 경제적인 면과 시간적인 면을 고려하여 계획을 짤 수 있을까, 하는 부분에 대해 곰곰이 생각하게 한다. 그에 비해 두 번째 질문은, 꿈같은 휴가를 가긴 가는데, 거기에 소요되는 재정을 현실적으로 어떻게 구축할 수 있을까, 하는 부분에 대해서 심사숙고토록 하고 있다. 전자의 휴가는 비용에 근거하고 있으며, 후자의 휴가는 가치 있는 꿈에 근거를 하고 있다 하겠다.

당신은 아마도 첫 번째 부류의 질문을 스스로에게 던지지, 두 번째 부류의 질문에 대해서는 거의 생각조차 해 보지 않았을 것이다. 이제 당신은 스스로에게 보다 구체적이고 자기실현을 가능케 하는 질문을 던지는 시도를 본격적으로 시작해야 한다. 그런 질문이야말로 당신의 삶을 더욱 풍요롭게 열어 주는 시금석이 되기 때문이다. 따라서 당신이 양질의 삶을 살기 위해서는 수준 높은 질문에 대한 답을 스스로 내릴 수 있도록 자기 자신에게 끊임없는 요구를 해야만 한다.

당신의 삶의 질은 하루하루 당신이 자신에게 던지는 질문의 질에 일부 기초하고 있다. 만일 당신이 자신의 삶을 통해서 영감을 얻지 못한다면, 혹은 당신 자신이 진실로 꿈꾸는 삶을 살고 있지 못하다면, 그것은 당신이 최고 양질의 질문을 스스로에게 던지지 않고 있는 것 때문일 수도 있다. 당신이 그런 양질의 질문을 스스로에게 던지는 순간이 바로 당신의 삶이 바뀌는 순간이다. 당신이 치열한 삶을 살아가면서 자신에게 영감을 주지 못하는 질문을 던지게 된다면 당신의 삶 역시 영감이 없는 삶을 살아가게

당신의 에너지에 플러그를 꽂아라

될 것이다. 하지만 반대로 수준 높은 양질의 질문을 스스로에게 던진다면, 그것은 바로 당신이 꿈꾸고 당신이 살아갈 만한 가치가 있는 그런, 보다 자기실현화된 삶을 사는 열쇠가 될 것이다.

양질의 질문을 하고 거기에 어울리는 답변을 하기 위해서는 어느 정도의 사고思考가 필요하다. 하지만 그것을 위한 스스로의 노력과 자기 정화가 따라 준다면, 당신은 틀림없이 더 많은 목적을 성취하게 될 것이며, 더욱 소중하고 가치 있는 꿈을 이루게 될 것이다.

꿈을 실현한 삶을 살 가치가 있다고 생각하지 않는가? 자신의 자아를 실현한 삶을 살 가치가 있다고 생각하지 않는가?

자, 이제 당신 자신에게 양질의 질문을 시작하라. 그리고 그 질문들이 어떤 답을 이끌어 내는지를 스스로 지켜보라. 질문은 가능한 한 구체적이고 간명하게 하라. 그리고 당신의 활기가 어떻게 솟구쳐 오르는지를 눈여겨보라. 당신의 삶의 질은 당신이 매일 스스로에게 하는 질문의 질에, 그리고 당신이 매일 자기 자신을 위해 하는 행동의 양과 질에 기초하고 있다. 이제 보다 향상된 양질의 질문을 시작하라. 그리고 바로 지금 당신의 꿈의 실현을 위한 행동을 개시하라.

역자 이구용

한국외국어대학교 영어과를 졸업하고 경희대학교 대학원에서 영문학을 공부했다. 현재 저작권 대행 에이전시인 (주)임프리마코리아 에이전시에서 상무이사로 근무하고 있으며, 국내외 여러 저자의 도서에 대한 번역 판권을 수출입하는 일을 하고 있다. 또한 각종 언론매체를 통해 국내외의 출판동향과 다양한 신간을 소개하는 등 출판/북 칼럼니스트로도 활동하고 있다. 옮긴 책으로는, 『베터댄굿 : 최고의 인생을 위한 성공 법칙』, 『성공을 부르는 열두 가지 지혜』, 『시도하지 않으면 아무것도 할 수 없다』, 『아빠여서 좋다』, 『인생의 다섯 가지 가르침』 외 다수가 있다.

당신의 **에너지**에
플러그를 꽂아라

초판 1쇄 인쇄 | 2008. 2. 20
초판 1쇄 발행 | 2008. 2. 25

지은이 | 마크 빅터 한센 外
옮긴이 | 이구용
펴낸곳 | 자유로운 상상
펴낸이 | 최영수
디자인 · 편집 | 블룸

등록 | 2002년 9월 11일(제 13-786호)
주소 | 서울시 서대문구 충정로 3가 3-95
전화 | 02-392-1950 팩스 | 02-363-1950
이메일 | hks33@hanmail.net

ISBN 978-89-90805-40-9 03320